負けグセ社員たちを「戦う集団」に変える たった1つの方法

元キリンビール株式会社 代表取締役副社長
田村 潤

勝見 明＝構成

PHP

まえがき

日本企業の「やる気のなさ」は、世界最下位レベル

「日本は『熱意あふれる社員』の割合が6％しかない」
「139カ国中132位と最下位クラス」
（2017年5月26日付『日本経済新聞』）

世論調査と人材コンサルティングを手掛ける米ギャラップ社が、世界各国の企業を対象に実施した従業員のエンゲージメント（仕事への熱意度）を調査したものです。

記事はほかにも、日本企業内に諸問題を生む「周囲に不満をまき散らしている無気力な社員」の割合は24％、「やる気のない社員」は70％に達したと続きます。

はたしてこの数字が日本企業の社員の実態だとしたら、これほど深刻なことはありません。これは能力の問題ではなく、意識の問題だからです。そしてその意識に大きな影響を与えているのが、職場風土や企業の体質にあるからです。

２０１６年、わたしはかつて赴任した高知支店での経験を基に描いた『キリンビール高知支店の奇跡』（講談社＋α新書）を上梓《じょうし》しました。ビジネスパーソンから学生まで多くの方々に手に取っていただき、読者からのハガキもたくさん届きました。

「会社が直面している状況を『キリンビール高知支店の奇跡』と重ね合わせ、同じように実践し、自分たちの力で〝スタート〟の一歩を踏み出しました」

同様に、「目の前の壁が突破できた」「社員の意識が変わり、活性化した」という読者からのお便りも届きました。

その半面、全国で講演をする機会が多くなり、皆様のご意見を身近で聞くと、次のような声もありました。

「田村さんの言うことはほんとうによくわかるし、わたしたちにもできるような気がしました。だけど、会社に帰ると、やることがいっぱいあって、『元の木阿弥《もくあみ》』になってしまうんです。どうすればいいでしょう」

つまり頭では理解できても、現実の世界に戻ると日常に埋没してしまうというのです。
また、経営者や営業部門のリーダーからは次のような悩みが多く聞かれます。

「社員に『負けグセ』が染みついている」
「現場の社員の士気が上がらず、社内で営業職を辞めたい人が増えている」
「一所懸命やっているが業績は下降するばかりで、突破口が見出せない」
「やることが増え、仕事がどんどんやりづらくなっている」

上から達成できそうもない目標を掲げられ、いろいろな指示や施策が降りてくる。提出する書類や会議の数は増えるばかり。

社員は受け身状態になり、いわゆる「やらされ感」が蔓延《まんえん》し、現場は疲弊している……。

わたしにはそのような現場の姿が、前記のギャラップ社の調査した数字に反映しているように思えるのです。

冒頭で触れたギャラップ社のジム・クリフトン会長兼CEO（最高経営責任者）は、「主な原因は上司にある。上司の言ったことを、口答えせずに確実にやれば成功するというのが従来のやり方だった。このマインドセットを変えないといけない」

と、警鐘を鳴らしています。

わたしの著書や講演がきっかけで、自分たちの仕事の在り方を問い直し、現状を打破することで、業績を回復させていく例もあれば、再び元の状態に戻ってしまうこともある。

この違いはどこにあるのか。また、どうすれば、「元の木阿弥」にならず、前に踏み出すことができるか。

そうした問題意識から、高知支店の成功例を、誰にとっても、どんなビジネスでも通用するように、きちんと整理して実行しやすい形として伝えたい——こう考えていました。同時に——会社組織を動かすのは論理ですが、論理で説明できないところに肝心なことがある——ここに少しでも踏み込みたい、と思いました。

『キリンビール高知支店の奇跡』を実践できる方法論

「日本企業の多くが、オーバー・プランニング（過剰計画）、オーバー・アナリシス（過剰分析）、オーバーコンプライアンス（過剰法令順守）の〝3大疾病〟に陥っている」

そう主張するのは、経営学者の野中郁次郎先生（一橋大学名誉教授）です。

野中先生は、**「短期的な数字を追求する、アメリカ流の経営手法を導入しようとした日本企業が、過剰反応をした結果だ」**と結論付けています。

講演などをとおして、わたしが肌で感じている皆さまの反応や雰囲気、あるいは昨今、新聞紙上をにぎわせている大手企業の不祥事、企業モラルの喪失の原因も、このあたりに内在していると思っています。

野中先生とは、縁があって、PHP研究所発行の月刊誌『Voice』誌上で二度ほど対談させていただく機会がありました。

そのなかで野中先生は『キリンビール高知支店の奇跡』が多くの読者の共感を得た背景として、日本企業全体が共通の問題意識を抱えていることを指摘されました。

本書の特徴はふたつあります。

ひとつは、前著『キリンビール高知支店の奇跡』が、わたしの経験をストーリー形式でお伝えしたのに対し、本書では、誰でも実践できる方法論を示すことを主眼に置いたこと。

そのために、『キリンビール高知支店の奇跡』の実践例を野中先生の提唱する「知識創造理論」に照らしながら、解説も試みます。

「知識創造理論」は、高知支店における取り組みと共通する点が多く、このイノベーション理論こそ、企業が本来の強さを取り戻すために必要だと考えています。

もうひとつの特徴として、本書では「強いミドルリーダーの復活」を強く意識した構成

になっています。

そのポジションこそがポイントになるからです。

本書は2部構成になっています。

第I部の序章では、本書の問題提議として、なぜ本社の指示に従うほど現場力が低下していくのか、また、なぜ現場の劣化が本社機能の低下を招くのか、この負のスパイラルの要因について探ってみたいと思います。

ご自身の会社に本社機能がないという方は、経営陣あるいは社長に置き換えて考えてみてください。

第I部の第1章、第2章、第3章では、わたしの実体験をベースに、誰でも、どんな組織でも、現状を打開して成果を出すために不可欠な「理念、戦略、実行力」をそれぞれ説明します。

そのうえで、リーダーと本社との関わりあい方について、具体的に第4章で説明したいと思います。「理念、戦略、実行力」は相互補完関係であるため、各章で重複する部分があることをご了承ください。

終章で、第Ⅰ部のまとめとして、「元の木阿弥」にならないための実践例を示したいと思います。

第Ⅰ部の各章末（終章を除く）には、高知支店の事例を「知識創造理論」で読み解く項目（「知識創造理論による読み解き」）を設けました。本項は、野中先生の理論をよく理解され、共著も出されているジャーナリストの勝見明氏に執筆をお願いしました。

続く第Ⅱ部では、野中先生との対談を通して「3大疾病」を克服し、現場力を取り戻すためには、「知識創造理論」の実践が不可欠である理由を示します。野中先生のお力を借りながら、日本企業の現場に蔓延する「やらされ感」を払拭《ふっしょく》したいと思います。

ノウハウはすぐ真似されます。しかし、行動スタイルは簡単に真似できません。地道な活動を経て確立された行動スタイルは、競争優位の源になります。本書が、現場で戦うビジネスパーソンが現状を打開するための一助になることを強く願っています。

田村　潤

負けグセ社員たちを「戦う集団」に変えるたった１つの方法　目次

序章解説　知識創造理論による読み解き　勝見明

第Ⅱ部

ブックデザイン　小口翔平+喜來詩織（tobufune）
カバー・章扉写真　遠藤　宏
本文図表　桜井勝志

『キリンビール高知支店の奇跡』とは

本編に入る前に、前著を読まれていない方に向けて、わたしが高知支店に赴任してから、高知支店で「奇跡」が起きるまでの過程を、簡単にお話しします。

1995年、45歳だったわたしは高知支店に支店長として赴任しました。当時、キリンビールは「試練」に立たされていました。1954年以降、国内シェア1位を守り続けていたキリンでしたが、1987年にアサヒビールが「スーパードライ」を発売すると、売上が急落します。全盛期は60%を超えていたシェアが50%を切り、低落に歯止めがかからない状態にありました。

一方のアサヒビールは、シェアを2倍近く伸ばします。キリンの主力商品である「ラガービール」を購買していたお客さまが、スーパードライに移行したからです。

高知県ではこのブランドスイッチがとくに激しく進行し、高知支店の成績は全国でも最低水準にありました。それなのに支店で働く社員の危機感が薄く、組織に「負けグセ」が染み込んでいるのを肌で感じました。

本社からは、業績挽回のための「指示」が次々とおりてきます。ビールではラガー、一番搾りのほか、海外ブランドの数々。ほかにもウイスキーに、ワインに、焼酎に……と、売るための施策の数は毎月20項目にもおよびました。単純に「やること」が多い状態にあったのです。

当然、社員たちは指示をこなすのに精いっぱいです。連日、遅くまで業務をこなすものの、毎月数字が下がっていく。社員たちの苦労がなかなか成果に結びつきません。

高知支店長に着任した次の年（１９９６年）には、県内シェア首位の座を四十数年ぶりにアサヒビールに奪われてしまいます。何をやってもうまくいかない。逆風の連続で、何から手を付けていいかもわからない。なかにはストレスで病《やまい》を患《わずら》う社員もいました。まさにどん底でした。

——ところが、しばらくすると、ある変化が見られ始めました。現場で働く社員たちの目の色がみるみる変わっていったのです。

気がつけば、高知支店の前年対比の売上伸び率は、全国1位に。2001年には、キリン全体が国内シェアを35・8％まで落とし（アサヒは同38・7％）、四十数年ぶりに2位に転落するなか、高知県では県内シェアを44％まで伸ばしてトップを奪還し、V字回復を達成します。

高知支店に、売上を上げるためのノウハウやテクニックがあったわけでもなければ、とくに優秀なリーダーや抜群の成果を出していた社員もいませんでした。

地方のダメ組織が一転してV字回復を達成。いったいこの間に何が起きたのでしょうか。

高知支店が行なったことは、じつにシンプルです。

何のためにこの仕事をするかという「理念」を明確にし、その理念を実現するための「あるべき姿」を描いた。そのあるべき姿と現実とのギャップを埋める「戦略」を自分たちで考え、決めたことを必ず「実行」した。たったそれだけです。

高知勤務を終えた後、私は四国４県の地区本部長、東海地区本部長を経て、本社の代表取締役副社長兼営業本部長に就任します。その都度、業績を伸ばし、２００９年にはついに全国シェアで８年ぶりに首位奪回を果たします。

どこにいても、この行動スタイルを変えなかったことで、高知支店と同じように業績は好転し、社員の士気は急速に回復していきました。

ではこれから具体的な高知支店のスタイルと、それを生んだ行動原理を見ていきたいと思います。

キリンビール高知支店が「奇跡」を起こすまで

■1995年9月　　筆者が高知支店長として着任(45歳)

・本社からの指示をこなすだけの営業スタイル→支店内に危機感なし

■1996年　　高知県で四十数年ぶりにシェア2位に転落

・県内を徹底して回った→何がきっかけでブランドスイッチが起きたのかを探った

■1997年　　総花的営業から「料飲店の攻略」にシフト

・「基本活動」スタート→決めた活動目標は必ずやりきる→基礎体力がついていった
・「キリンビールは何者か?」「会社を残す価値があるか?」を考え続ける日々

■1997年11月　　「理念」に到達、同時に「戦略」が固まる

・「理念」……高知の人たちにおいしいキリンビールを飲んでもらい、喜んでもらう
・「あるべき姿」……どこに行ってもキリンビールがあるようにする
・「戦略」……「あるべき姿」と「現実」のギャップを埋める

■1998年〜　　徹底して「実行」した結果、V字回復が始まる

・「あるべき姿」と「現実」とのギャップを埋めるため、自分たちで考え、決め、実行し続けた
→県内トップシェア奪回(2001年)

第 I 部

100戦100勝の「戦う集団」に変える方法

組織を率いるリーダーに求められるのは以下の3つです。

■「理念」を自分たちのものにする
■正しい「戦略」を描く
■組織の「実行力」を高める

第I部では、主にこの「理念・戦略・実行力」の中身と関係性を、知識創造理論の観点から説き明かしていきます。

併せて、現場が本社とどう向き合えばいいか、その具体策をお伝えしたいと思います。

序　章

弱体化する現場の原因は「本社」にある

――ブレイクスルーできるのは自立する「現場」

大手企業の社員研修や、中小企業の経営者の集まりで、講演を依頼されることがありますが、毎回、参加者が大きな反応を示す話があります。

日本企業の多くが、アメリカ流の経営手法に過剰適応した結果、オーバー・プランニング（過剰計画）、オーバー・アナリシス（過剰分析）、オーバー・コンプライアンス（過剰法令順守）の〝3大疾病〟に陥っている。

「まえがき」でも触れましたが、野中郁次郎先生から伺った話です。参加者の多くがわが意を得たりの反応を返してくるのは、きっと自身の職場で、日々実感しているからでしょう。

いうまでもなく、企業の経営にとって、分析も、計画も、法令順守も必要不可欠です。ところが、いずれも成長を実現し健全な経営を行なうための手段であるはずなのに、それ自体が目的化し、形式化してしまう。これが問題です。

何かというとすぐに分析が始まり、「市場の状況はこうであり、競合他社はこういう状態にあり、したがって、わが社のとるべき最適なポジションは……」といった計画立案こそが自分たちの仕事だと思ってしまう。官僚的な仕事の進め方により、「分析マヒ症候群」に陥っているともいえます。

その具体的な症状は次のとおりです。

■本社の企画部門などから、短期的な収益を目的とした指示が次々と現場に下ろされる。
■現場では、ミドルリーダーが上からの指示を部下に伝え、部下はその指示をこなすことに追われる。ところが、指示の多くが現場の状況と乖離《かいり》しているため、なかなか成果に結びつかない。
■同時に、細かなルールに縛られ、状況に応じた柔軟な対応がとれない。
■仕事がやらされ作業となり、現場は次第に疲弊し、部下のやる気が減退していく。

前著『キリンビール高知支店の奇跡』が、20万人以上の読者に共感されたのは、1995年当時の高知支店の状態に、現在の日本企業に通じる点が多いからではないでしょうか。

というのも、わたしが支店長として着任した当時の高知支店が、まさに同じ「症状」を呈《てい》していたからです。

当時のキリンは、コンプライアンスについてはいまほど関心が高まっていなかったものの、分析と計画については、明らかに過剰状態にあり、「自分たちは言われたことをやっているのだから」と、現場はあきらめの空気が支配していました。

そこで本章では、実際に高知支店の事例を交えながら、組織が弱体化する原因と「本質」をお話ししたいと思います。

図表1 「3大疾病」に陥った会社の特徴

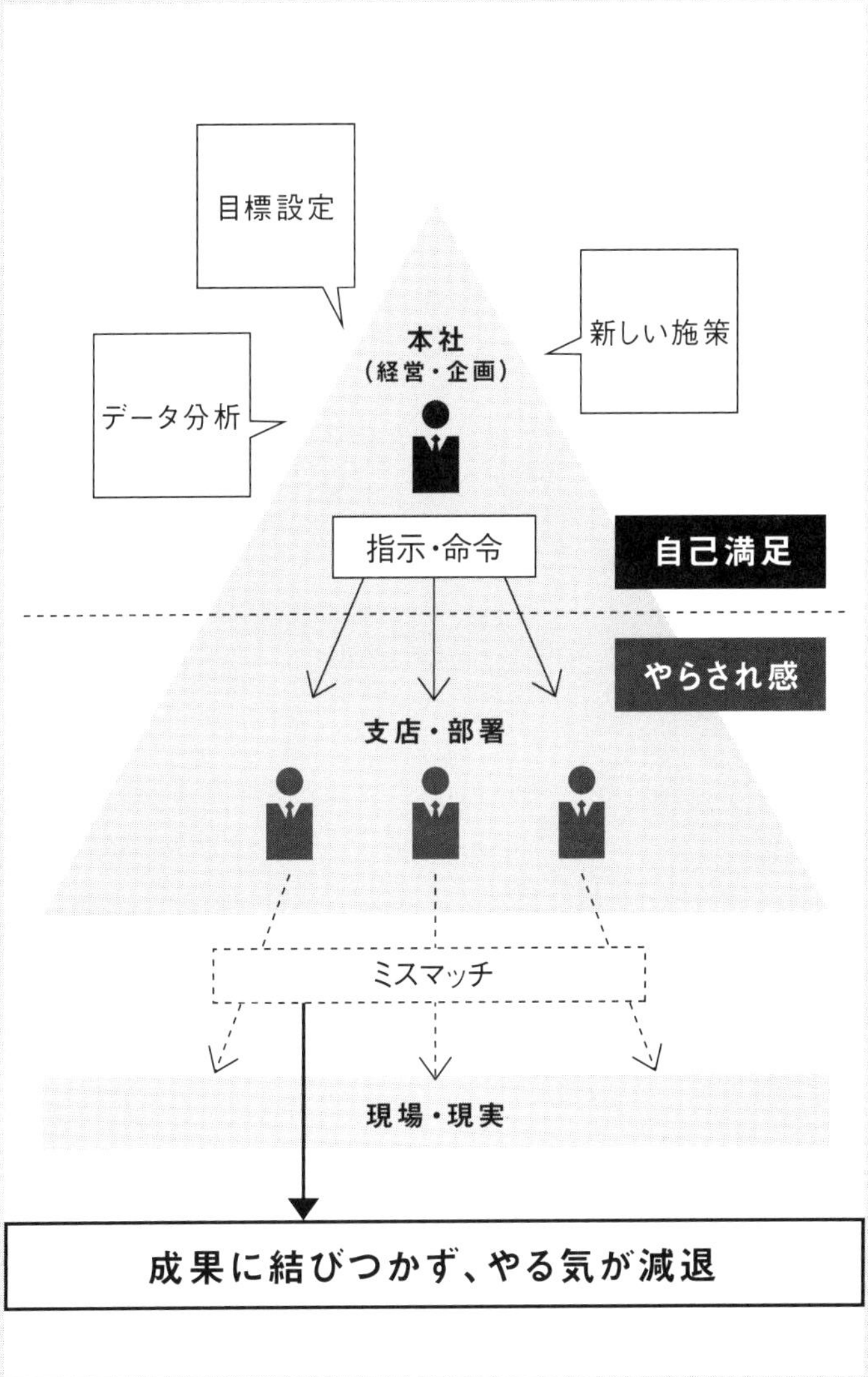

「組織の歯車」は現場が回せ！

現場に指示を出す本社、本社にお伺いを立てる現場

「物事をなすのは組織ではない。物事をなすのは計画や制度ではない。物事をなせるのは人だけだ。組織や計画、制度は、人を助けるかじゃまするか、である」

ハイマン・G・リッコーヴァー元米海軍大将

（コリン・パウエル著『リーダーを目指す人の心得』〈飛鳥新社〉より）

強い現場は生産性を高め、そこで起きたイノベーションや戦略が全社の施策にも反映されます。

では、現場力を取り戻すには、リーダーは、どうあるべきで、どのようにリーダーシップをとればいいのでしょうか。

会社の構造と本社の役割を確認すると、リーダーの動き方が見えてくると思います。

わたしは、転勤で本社と現場を行ったり来たりしながら、本社を内と外の両方から見てわかったことがあります。

まず、当然のことですが、**本社の主な役割は、正しい戦略を示すこと。そして、各部門や部署は、その目標達成のために存在します。**

本社が決めた最終目標を達成するために、現場のリーダーや第一線の部隊には、実行すべき施策がいくつも用意されています。

一般的には、本社が施策ごとの達成目標だけを示し、あとは**「現場に丸投げするマネジメント」**、あるいは、本社がつくった「プロセスの指標」をひとつずつクリアしていくと、最終的に目標が達成されるという**「プロセスによるマネジメント」**のいずれかが行なわれているようです。

業績が芳《かんば》しくなく、計画が未達となると、企画部門は新しい施策を考えます。上司からはもちろん、現場からも計画達成のための「さらに良い」施策を期待されるからです。

戦略会議が開かれ、「今月の計画未達について要因分析した結果、ここが弱かったので来月はこうやって補強します」「先月の未達分の埋め合わせとして新たにこういう施策を始めます」。そういって、データを添えて、反対しにくい提案を行なえば、会議は通ります。トップとしては、新しい施策があれば、社外に対しても一応説明できるので安心し、「では、来月はこれで頑張ってもらおう」といって、会議は明るい雰囲気で終了します。

こうして企画部門は、自分たちの考えた施策が会議で通ったことで一応満足する。「自分たちはつねに正しい施策を考えている。それでも予定が未達なのは現場が実行できていないからだ」という立場に立てて、責任を回避できるので、安心します。

もちろん、戦略スタッフのなかにも、かつて現場を経験した人間も少なくないはずです。しかし、「半年たつと、現場がわからなくなりバカになる」と、当時の本社スタッフは自嘲気味によく言っていたものです。

このマネジメントがうまくいかない要因は、第一に本社の戦略立案能力の低下です。一方、**現場の力が落ちていることも第二の要因**に挙げられます。このふたつは相互に関係していて、スパイラル構造のように本社も現場も力が低下する可能性があります。

わたしが本社に着任してまず驚いたのは、本社の残業時間が長いことです。

営業現場は本来自分で判断できること、判断すべきことを一つひとつ本社にお伺いを立ててくる。本社の企画部門は、似ているケースがないか全国を調べ、部門で議論したうえで、上司に相談し、許可が下りれば現場に指示している。これは現場の責任回避です。

これでは本社も現場も責任感が芽生えず、戦略立案能力や現場力が向上するわけがありません。

現場が弱体化すると、顧客接点である現場で重要なことが摑《つか》めなくなります。すると現場から本社に大事な情報や有効な提案が上がってこなくなります。その結果、さらに戦略立案能力が落ちてくる。一方、現場は現場で、数字が悪くなるほど自分の立場を守ろうとして、ますます本社を頼りにしてしまう。まさに悪循環です。

「何かおかしい」と思いつつ、確信も自信ももてない社員たち

話を戻すと、現場で働く社員たちは、本社から次々と指示が下りてくるので、やることがどんどん増えていきます。

指示をこなすことに追われ、それが成果に結びつかなくても、どこに問題があるのか確認する時間をもてないうちに、また次の指示が下りてくる。「誰がこんな企画書を読むのだろう」というくらい分厚い資料が、本社から送られてきたことも頻繁にありました。

支店長も上への報告と改善案の作成に追われ、部下をまともに指導する余裕もない。メンバーも、指示とは違う動きをして上司に怒られたくないし、チーム内で「仲間外れ」になるのを恐れて、指示待ちで仕事を行なう。

結局、本社も、現場のリーダーやメンバーも、「何かおかしい」「何とかしなければ」と思いつつ、確信も自信ももてないため、毎日が過ぎていく。

組織と社員の関係性を改めて考えると、**組織は目標を達成するために存在し、社員はそ**

の組織を構成する「歯車」といえます。

しかし、本社の指示に従っても歯車はうまく回らず、業績は下がり続けるとなると、いったいどうすればいいでしょうか。

自力で歯車を回せばいいのです。

本社が正しい戦略をつくれるようになるには、強い現場をつくること、そして本社と現場の創造的関係を築くことが不可欠です。本社と現場のあるべき姿は、情報や意見を相互に出し合いイノベーションを起こし続けるような創造的な関係です。

スタートは現場の自立です。そのうえで本社と現場の情報ギャップを埋めていくことです。

高知支店における取り組みがまさにそうでした。高知のお客さまにキリンビールを飲んで幸せになってもらう。そのために、本社に提案をする。もし本社の戦略が間違っていると思えば直してもらうように働きかける。

一方、本社は現場を自分のこととして捉える。これが本社と現場の創造的関係です。つまり**本社も支店も自立する精神が求められるのです**。

わたしが高知支店の社員たちと一緒に始めたのは、管理する文化しかなかったキリンビールにおいて、**本社を見ながら仕事をするのをやめた**ことです。その代わり、**徹底的に顧客と向き合う**ことにしました。

それは、「お客さま本位」「品質本位」というキリンビールのかつての理念を高知で実現しようとする「挑戦」であり、「キリンビールの原点回帰」そして「源流の強化」ともいうべきものでした。

「自分の運命は自分でコントロールすべきだ。さもないと、誰かにコントロールされてしまう」

ジャック・ウェルチ（元ゼネラル・エレクトリック〈GE〉CEO）

さらばＰＤＣＡ、時代はＯＯＤＡ

「ＰＤＣＡクルクル教」の日本人

日本企業が罹患《りかん》する形式主義の一例が、「ＰＤＣＡ至上主義」ではないでしょうか。

ＰＤＣＡとは、「Plan（計画）→Do（実行）→Check（評価）→Act（改善）」の４つの段階を繰り返すことにより、業務を継続的に改善する方法のひとつです。

まず、業務の計画を作成する（Plan）。その計画に沿って業務を行なう（Do）。業務の遂行が計画に沿っているかどうかを評価する（Check）。沿っていない部分があれば改善する（Act）。一巡したら、次のＰＤＣＡへとつなげていく。

「ＰＤＣＡサイクルをクルクル回す」という表現が多用されることから、「日本はＰＤＣＡクルクル教だ」と揶揄《やゆ》されたりもするようです。

じつはわたしは、ＰＤＣＡ的な管理手法に「どこかおかしい」と疑問を感じている一人でした。なぜかというと、**ＰＤＣＡサイクルには、もっとも重要なＰ（計画）をどのように生み出すかが示されていない**からです。

計画は、戦略と目標水準を含みます。したがって事業成否のカギは、このＰ（計画）が握っています。

先ほど日本企業はオーバー・プランニングの状態にある、と述べましたが、多くの日本企業で行なわれているＰＤＣＡサイクルの実態は、次のようなものではないでしょうか。

経営トップや企画部門がマスタープラン（基本計画）を策定し、それがブレークダウンされて、数値ベースの計画が順次、指示のかたちで下りてくる。組織のリーダーもその「指示」に従って計画を実行するしかない。

しかし、**上から与えられた数値ベースの計画からは、顧客にとっての新しい意味や価値は生まれません**。そのため、現場で顧客の支持は得られず、成果にはなかなか結びつかないのです。

図表２　PDCAサイクルの落とし穴

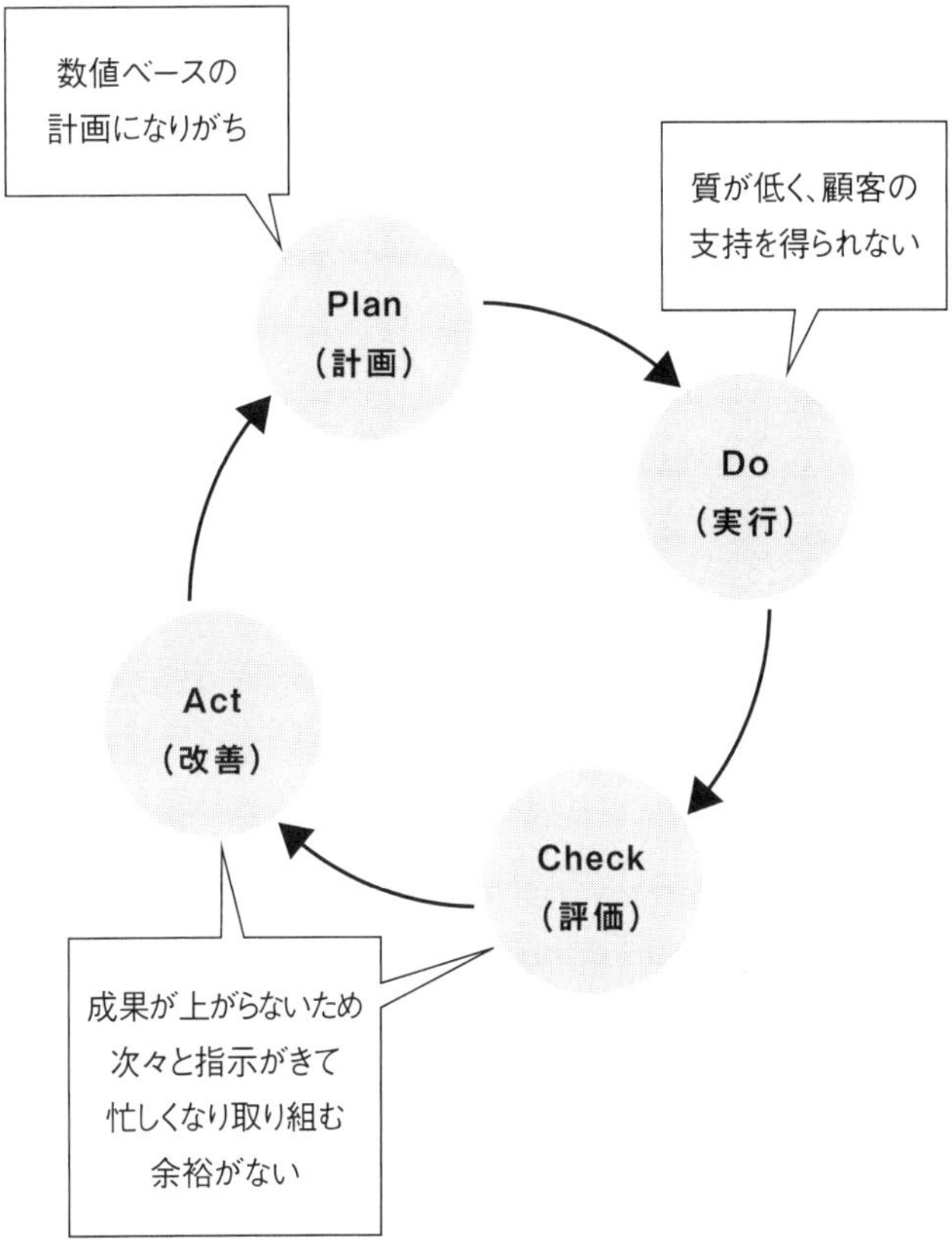

**もっとも重要なPlan（計画）の立て方が
示されていないのが最大の弱点**

しかも、指示が次々と下りてくるため、C（評価）やA（改善）する余裕もない。それぞれの社員ができる範囲で指示を処理するため、D（実行）の質も低い。自分でP（計画）を生み出すことできないので、仕事に対して傍観者的になる。仕事がひとごとになる。
これが多くの日本企業における「PDCA」の実態かもしれません。

海兵隊に学ぶ意思決定プロセス

一方、「世界最強」といわれるアメリカ海兵隊では、「OODA（ウーダ）ループ」と呼ばれる意思決定プロセスを採用しています。野中先生の知識創造理論でも、着目されている事例を紹介します。

OODAループは**「Observe（観察）→Orient（情勢判断）→Decide（意思決定）→Act（行動）」**の4段階からなります（図表3）。

最初の観察（Observe）では、五感を駆使して現実をあるがままに感じとります。五感が察知する知覚的な情報なので、言葉で表現する以前の直観として取り込まれます。

図表3　OODA（ウーダ）ループ

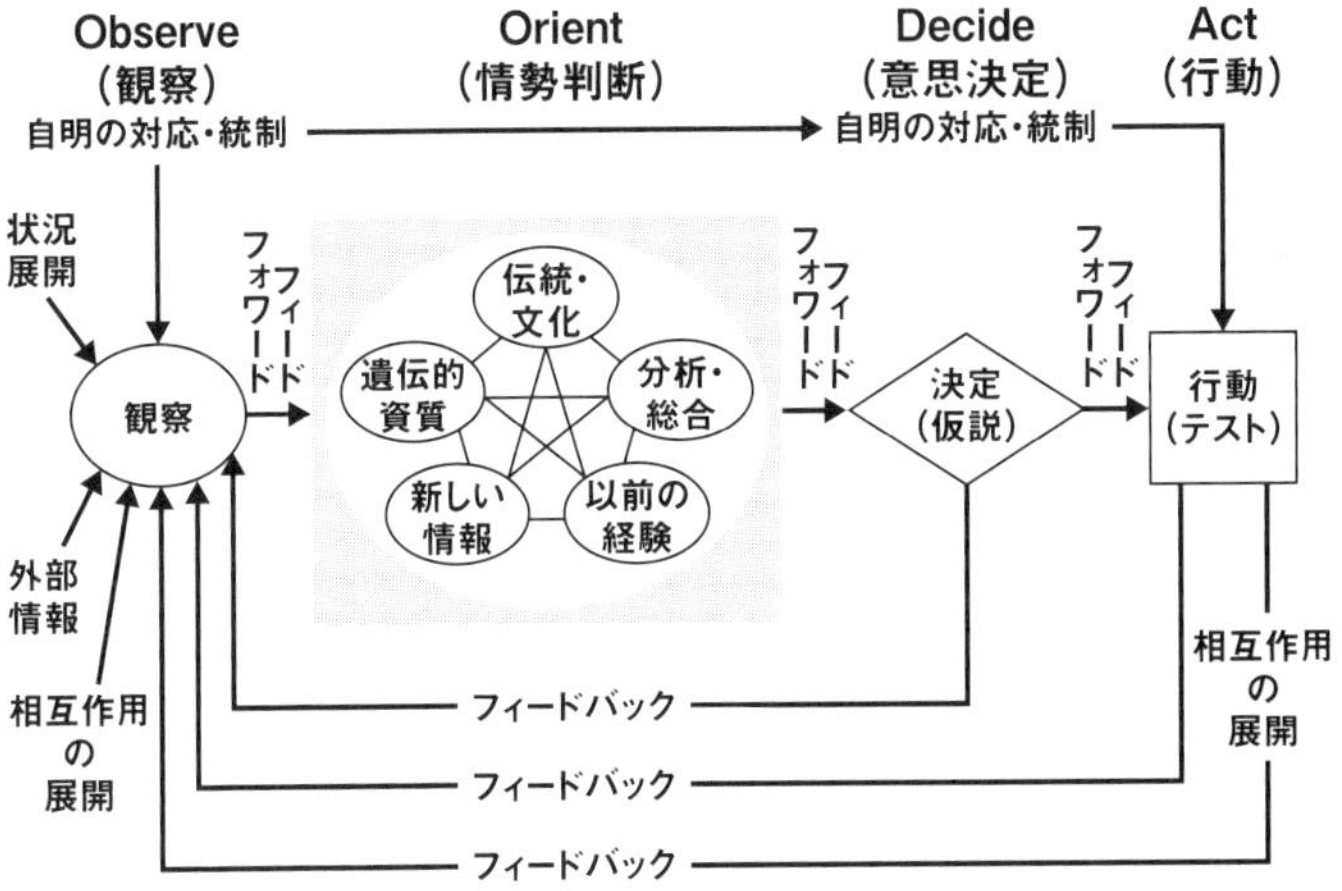

出典：Hammond,G.T.(2001), The Mind of War, Smithsonian Books, P.190に基づく

次の情勢判断（Orient）では、過去の経験知や身についた文化など、これまで自分のなかに蓄積されてきたさまざまな知と、観察によって新たに知覚した情報をもとに総合的に判断します。

そして、対応策を意思決定（Decide）し、行動（Act）に移します。

けっして負けないことを求められるアメリカ海兵隊では、このOODAループを訓練と実戦を通じて、隊員一人ひとりにたたき込むのです。

PDCAサイクルの問題点は、計画の前段階として、観察（O）と情勢判断（O）にあたる部分がないことです。つまり、**PDCAには、計画を生み出すためのプロ**

セスが入っていないのです。

結局、オーバー・プランニングの状況にある日本の企業で行なわれているＰＤＣＡは、経営トップや企画部門が立案した計画を、トップダウンで現場に対して効率的に遂行させるためのものでしかなく、その**実態は「指示→実行」**にとどまり、形式主義に陥っています。

しかも、本社の判断と現場の直面する現実とのずれが生じるのは、先ほど述べたとおりです。結局、このままでは、効率も追求できなければ、成果にも結びつかないのです。

「ＰＤＣＡ」より必要なのは「See-Think-Plan-Do」

このＯＯＤＡループと共通する意思決定の方法論が、富士フイルムホールディングスの古森重隆代表取締役会長兼ＣＥＯが考えだした「**ＳＴＰＤ**」のモデルです。

ＳＴＰＤは、古森さんがＰＤＣＡサイクルの問題点を見直して改良したもので、「See-Think-Plan-Do」の略です。Seeは、ＯＯＤＡループの観察（Ｏ）、Thinkは情勢判断（Ｏ）に相当します。古森さんは、「限られた時間、限られた情報で、リーダーは正確に現状を把握しなければならない」として、計画（P）の前段階の現状認識を重要視し、See（観察）とThink（情勢判断）を強調したのです。

STPDは次の7段階で構成されます。

See……①情報の収集
Think……②収集情報の分析と課題発掘、③目的・目標の設定
Plan……④達成シナリオの策定、⑤具体的な実施計画の立案
Do……⑥断行して、やり抜く
See……⑦反省と総括（次へのフィードバック）

『魂の経営』（古森重隆著、東洋経済新報社）より

高知支店がV字回復したのは、いまから思えば、OODAループやSTPDモデルで考えたからでした。

高知県のすべての市町村を回り、酒販店の店頭や料飲店でお客さまをじーっと見る。しかるべき手を打つ。そのうえでまた、じーっと見る。それを繰り返すうちに、あるとき突

然目の前が晴れる瞬間がありました。

それは、観察と情報収集により仮説を検証しながらPlanを摑んだ瞬間でした。**もし、本社主導のPDCAモデルに頼っていたら、高知支店のV字回復はなかった**でしょう。

キリンビール高知支店における挑戦は、ライバルとの戦いというより自社の風土との戦いでした。問題は解決しなければなりませんが、管理の強化では解決ができなかったのです。

組織を率いるリーダーは、本社からの計画や指示を何でもこなそうとせず、心の中でそれらをいったん脇に置いてみることです。それがほんとうに正しいかどうかの答えは、現場で接するお客さまがもっています。まず、各々の現場に照らして判断すべきなのです。

上《じょう》意《い》下《か》達《たつ》の組織運営のなかで指示をいったん脇に置くためには、「別の概念」により目の前のいまの仕事のやり方を相対化させる必要があります。そうすれば、「現状が絶対ではない。変えるべきは変える」というスタンスに立てます。

その別の概念とは、次章で述べる**「理念」**にほかなりません。

大切なポイント

□ 日本企業はオーバー・プランニングの状態にある。経営トップや企画部門が策定したマスタープラン（基本計画）に従って実行するだけでは、顧客にとっての新しい意味や価値は生まれない。

□ マネジメントがうまくいかないのは、本社の戦略立案能力の低下だけでなく、現場の力が落ちているから。両者が自立しながら、創造的な関係を築くことが求められる。

□ PDCAには、計画を生み出すためのプロセスが含まれていない。本社からの計画や指示に従う前に、現場観察、現状認識に重きを置いてみる。

知識創造理論による読み解き

勝見明

1 なぜ、本社の判断は現場が直面する現実とずれるのか

知識創造理論では、現代の企業経営にとって、もっとも重要な資源は、お金やモノ以上に、人が生み出す**「知識（ナレッジ）」**であると考えます。この場合、「知識」とはたんに「知っていること」という意味にとどまらず、幅広い意味で人間の知的活動の産物を意味します。

つまり、**人をたんに労働力として見るのではなく、知を生み出し、付加価値を高める主体的存在として捉える**。

その知（知識）とは、さまざまな形で存在します。目に見えない思い、イメージ、目に見える文章や図像、現場でつくり出される製品も知が具現化したものにほかなりません。

企業活動とはつねに新しい知識を創造し、新しい価値を生み出すことにある、と知識創造理論では考えるのです。

図表４　知識創造は暗黙知と形式知の相互変換運動である

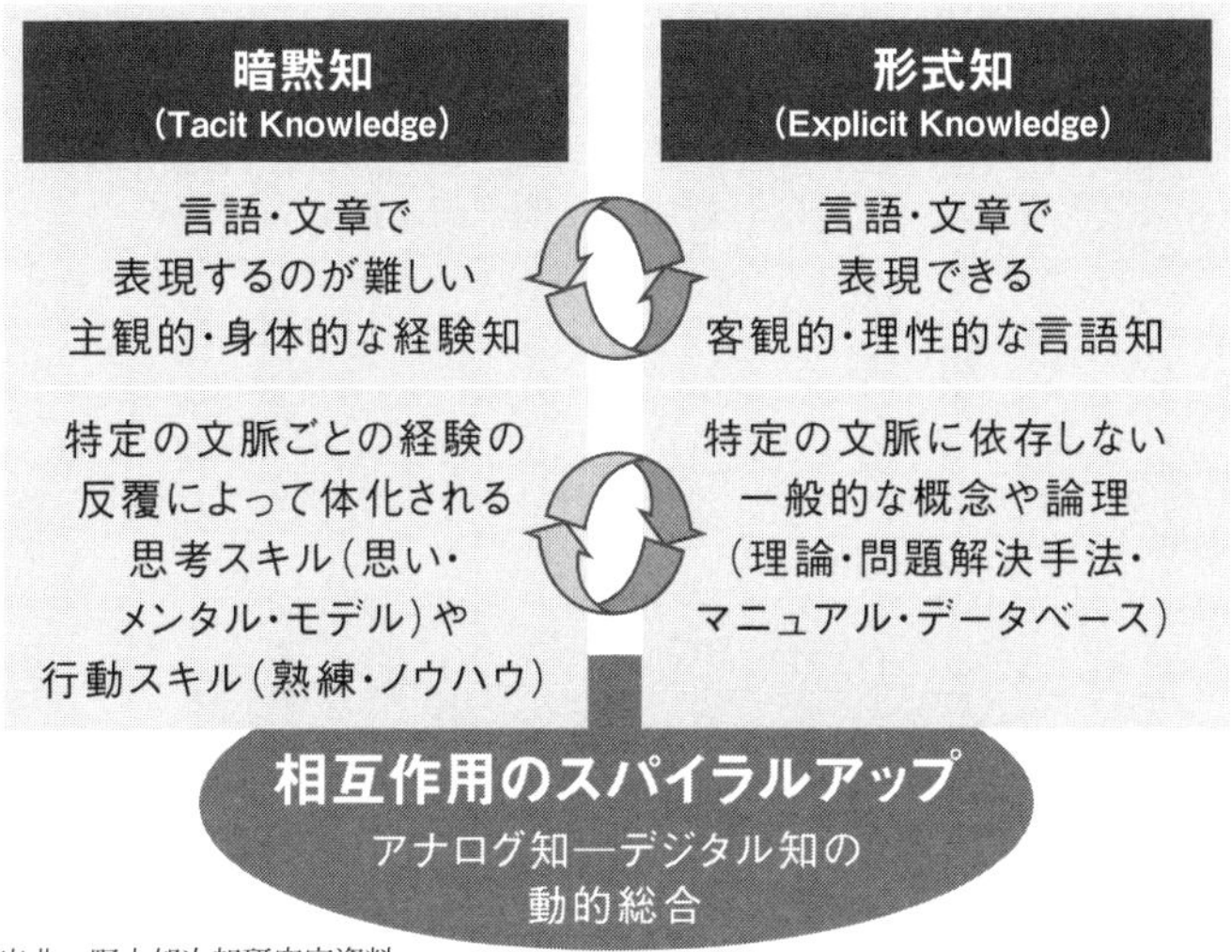

出典：野中郁次郎研究室資料

知識創造理論の最大の特徴は、人間が生み出す知のあり方を、**「暗黙知」**と**「形式知」**のふたつの側面に分けて考えるところにあります。

暗黙知は、言語や文章などで表すことが難しい個人的で主観的な知で、個人が経験に基づいて暗黙のうちにもつものです（経験知、身体知とも呼ばれます）。思いや信念、身体に染み込んだ熟練やノウハウなどの経験知や身体知は、典型的な暗黙知です。

一方、**形式知は、言葉や文章などで表現できる明示的で客観的な知です**（図表４）。

このふたつの知のあり方のうち、知識創造理論では、とくに暗黙知を重視します。

本社の判断が現場の直面する現実とずれる理由を、暗黙知と形式知の違いから見てみましょう。

市場調査などで得られるデータは、消費者の過去のアクションの結果、すなわち、すでに顕在化した消費者のニーズを数値で表した形式知です。現場から離れた本社の企画部門は、この形式知を分析して判断します。

一方、市場には、さまざまな潜在的ニーズがあります。市場がつねにダイナミックに動くのは、何かのきっかけで、その潜在的ニーズが顕在化するからでしょう。

この潜在的なニーズは消費者の心理のなかに埋もれているので、暗黙知といえます。消費者自身も気づいていない可能性もあります。

潜在的ニーズは市場データの形式知には表れないため、現場で消費者と向き合い、対話をしながら、言葉の奥にあるものを感じとる、つまり、相手と暗黙知を共有しないとわかりません。形式知をベースにした本社の判断と、暗黙知で動く現場の現実のあいだにずれが生じるのはそのためです。

知識創造理論においてとくに暗黙知が重視されるのは、新たな知を生み出す源泉は暗黙知にあり、暗黙知と形式知を相互に変換することにより知識が創造されると考えるからです。

つまり、**暗黙知が蓄積されなければ、企業は新たな知を生み出すことはできません。**

2 未来の可能性が見えたら「実践的三段論法」で挑戦する

市場の調査データなどの形式知をベースにした判断と、現場で市場の暗黙知を感じとって行なう判断とでは、考え方のプロセスが根本的に異なります。そのため、しばしば対照的な結論が導かれます。

形式知をベースにした場合、考え方は論理的思考、いわゆる、ロジカルシンキングが用いられます。論理的思考の代表格は**「論理的三段論法」**です。

論理的三段論法は、①「AはBである」、②「BはCである」、③ゆえに「AはCである」のように、論理をたぐっていく思考法です。ここで問われるのは、論理的な正しさです。

本社の企画部門の戦略スタッフがデータをもとに施策を考えるときに用いるのはたいていの場合、この論理的三段論法です。

詳しくは第2章で触れますが、キリンラガーがアサヒのスーパードライの大ヒットに押されたとき、本社はデータから、「ラガーの苦みは弱みである」という分析結果を導き出します。世の中には「弱みは補強すべきである」という一般論があります。これを前提として、「ラガーの苦みは弱みである」との分析結果をもとに、ゆえに「苦みはなくすべきである」と結論づけたのです。

これは論理的には正しく、間違ってはいません。ただ、ここにはなんら、創造性も生産性もありません。**論理的な正しさを問うことと、新しい価値を生むこととはまったく違う**のです。はっきりいえるのは、**論理的三段論法からは、変革やイノベーションは生まれない**ということです。

一方、高知支店では、現場で顧客と向き合い、対話するなかで、暗黙知を共有し、ラガーには高知の人びとにとってのさまざまな「記憶の資産」があることを感じとりました。そこから、未来の可能性に目を向け、**「ラガーの苦みにまつわる記憶こそ強みになる」**と考えました。

そして、未来の可能性に目を向けたことで、「強みを強化する」という、自分たちがめざすべき目的が浮かび上がり、「強みを強化することでキリンビールと高知の人びととの信頼関係を再構築する」というシナリオが見えてきた。そのシナリオを実現するには何をすれ

図表5　論理的三段論法と実践的三段論法

論理的三段論法

キリンラガーの味の変更で見られた本社の判断

1 一般論	「弱みは補うべきだ」
↓	↓
2 具体的なものごと	「ラガーの苦みは弱みだ」
↓	↓
3 結論	「苦みはなくそう!」

↓

現場については考えず、論理的な正しさだけを問う

変革やイノベーションは生まれない

実践的三段論法

キリンラガーの味の変更で見られた高知支店の判断

1 めざすべき目的	「売上低速の原因は苦味なのか? 消費者の声を聞いてみよう」
↓	↓
2 実現するための手段	「高知の人たちにとってラガーの苦みが記憶の資産になっている」
↓	↓
3 実現に向けて行動	「苦みはなくしてはならない」「強みは強化しよう!」

↓

未来の可能性に向けて行動を起こす

変革やイノベーションが起きる

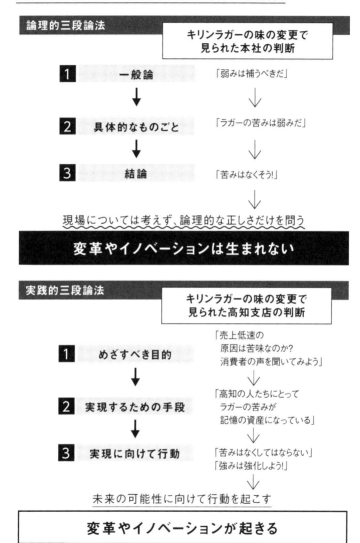

ばよいかを考え、実現に向けて行動を起こした。その結果、ブランド力が引き上げられ、「奇跡」のV字回復を起こすことができたのです。

なぜ、顧客と暗黙知を共有すると、未来の可能性に目を向けることができるのか。それは、市場が暗黙知によって動くからです。

このように、未来の可能性に目を向け、**①めざすべき目的を描く**（目的）、**②目的を実現するための手段を考える**（手段）、**③実現に向けて行動を起こす**（行動）――と結論を導きだし、チャレンジを引き出す考え方を、知識創造理論では、同じ三段論法でも、論理より実践に軸を置くという意味で**「実践的三段論法」**と呼び、重要視するのです。

ビジネスには、もちろん、論理的思考が大切です。しかし、データを分析し、論理をたぐっていくと、競合相手も同じ結論にいたります。それに対し、実践的三段論法では、競合相手には容易に真似のできない新しい未来を創造することができます。

高知支店のV字回復を実現した「理念・戦略・実行力」という三位一体《さんみいったい》の方法論は、「目的・手段・行動」という実践的三段論法そのものでした。

以下、この「読み解き」の欄では、「理念・戦略・実行力」について、知識創造理論の視点から読み解いていきます。

第1章

理念があるから飯が食える

――「指示の奴隷」からいかに脱するか

1995年9月に高知支店長として着任したとき、支店の成績は全支店のなかでも最下位クラスでした。高知支店を立て直すために、着任4年めの1998年の年頭から着手したことは、きわめてシンプルなものでした。

何のためにこの仕事をするかという「理念」を明確にし、その理念を実現するための「あるべき姿」を描いた。そのあるべき姿と現実とのギャップを埋める「戦略」を自分たちで考え、決めたことを必ず「実行」した。

本章では、高知支店の立て直しを可能にした「理念・戦略・実行力」の3つの要素のうち、理念に焦点をあて、なぜ、理念が必要だったのか、理念がわたしと社員たちにどんな変化をもたらしたのかについて、お話しします。

本章を読めば、理念に裏付けられた「行動スタイル」をどう確立するか、そして、理念が浸透した組織がなぜ強いのかがわかると思います。

理念に裏付けられた「行動スタイル」を確立する

「理念で飯は食えない」か？

日本企業は完全にＩＴ革命に乗り遅れ、ＡＩ（人工知能）の開発に至っては海外企業の４周遅れとも揶揄されます。一方、世界では注目を浴びる企業が次々と画期的なイノベーションを起こしています。

そうした企業では、トップが理念と、その理念が実現される「あるべき姿」を掲げ、そこへ向け、ＩＴやＡＩにとどまらず、あらゆる手段を駆使しながら非連続的な成長にチャレンジし続けています。

何でもかんでも海外企業の真似をしろ、といっているわけではありません。現場に蔓延する「やらされ感」を払拭し、新たな価値を創出し続けるには、その会社の理念と、あるべき姿を確立させることが必要だということです。

理念が明確になり、それが職場に浸透してくれれば、新たな基準が生まれ、自分たちの向かう方向がはっきりします。社員たちは働く意味を実感し、行動も変わります。そして共通の使命が組織を一体化させ、あらゆる企業の課題を解決していきます。

高知支店が見出した理念は、**「高知の人たちにおいしいキリンビールを飲んでもらい、喜んでもらい、明日への糧《かて》にしてもらうこと」**であり、その実現のためのあるべき姿とは、**「どの店に行ってもいちばん目立つ場所にキリンビールが置いてあり、欲しいときに飲んでいただける状態を営業がつくる」**ことでした。

最初にわたしが支店のメンバーに投げかけたのは、次の質問でした。

わたしたちは誰のために仕事をするのか

わたしたちが提供する価値は何か

高知支店は本社のためではなく、上司のためでもなく、高知の人びとのために仕事をすべきだ。そして、高知の人たちにおいしいキリンビールを飲んで楽しい気分になってもらう。今日は会社で嫌なことがあったが、明日は頑張ろうと思ってもらう。これが、提供すべき価値です。

よって、「わたしたちの成果」とはひとりでも多くの高知のお客さまに喜んでもらうことであり、それを追求することが「わたしたちの使命」であるというように、自分たちの働く意味をはっきりさせました。

その思いが支店内で共有されると、メンバーの考え方が変わっていきます。

まず、「わたしたちの顧客」が高知の人びとであるとすれば、酒販店や問屋、スーパーなどの量販店、コンビニ、料飲店は、高知支店の理念を一緒に実現してもらう協力者（パートナー）である、と考えるようになりました。

「協力者である流通の方やお店の人たちにもしっかり思いを伝え、理解していただき、どこに行ってもキリンが目立つ状態にして、そこから広く情報を伝えていこう」

社員たちは、あるべき姿とのギャップを埋めるため、すべてのお店を回りました。スーパーなどの量販店では店長やお店のスタッフの話に耳を傾け、そのうえで一緒に汗を流しながら、あるべき売り場をつくり続けました。

こうした高知支店のやり方に、社内の一部からは、こんな声があがりました。

「理念で飯が食えるか！」

よく聞かれる言葉です。

「理念をどんなに唱えても、それだけでは利益にはならない」

「理念のようなきれいごとは、売上を上げてから言え」

たしかに、いわれればそうだと思う人も少なくないでしょう。実際、世の中を見渡すと、企業にとっての理念は、ただのお題目やお飾りにすぎず、あまり意識されていないケースが多いのでしょう。キリンビールもかつてはそうでした。

しかし、本当に「理念では飯は食えない」のでしょうか。私はそうは思いません。

「理念が実現されていくと、おいしい飯がたくさん食える（売上最大・経費最小）」現象が、高知支店で起きたからです。

特別なノウハウより「行動スタイル」

「理念・戦略・実行力」が確立されることにより、高知支店でビールの売上がどんどん伸びていきました。

落ちこぼれだった支店がなぜ、いきなり好調に転じたのか。何かテクニックがあるのではないか。本社やほかの支店のメンバーたちが、テクニックを学ぼうと毎週のように高知へ視察にやってきました。

当時のキリンは、本社の企画部門が業績回復のために次々と施策を打ち出しはするものの、それが実績に結びつかず、ビールの国内シェアは低下の一途を辿《たど》っていました。そこで、本社のスタッフは、当然、高知支店の成功例を横展開しようと考えます。

彼らが目にしたのは、特別なノウハウではなく、営業マンが料飲店や酒販店をとにかくよく回るという「行動スタイル」でした。回る件数は、多い営業マンになると、1日20件、

1カ月に400件以上にもおよびました。以前の10倍近い件数です。

すると視察後に本社は、全国の支店に向けて「料飲店や酒販店を1カ月に200件回る」という目標を課します。

結果はどうだったか。残念ながら、成果に結びついたケースはあまりありませんでした。多くの支店の営業マンも、本社からの指示どおり活動するものの、時間がたつと少しずつ回るのをやめていきました。営業マンは成果がすぐに上がらず回るのがつらくなり、リーダーも成功体験がないから指示に確信がもてなかったのです。

高知支店では成功した活動が、ほかの支店に横展開してなかなかうまくいかなかった理由はどこにあるのでしょうか。

店舗を一件でも多く回るという高知支店の営業マンの行動スタイルは、「高知の人たちにおいしいキリンビールを飲んで喜んでいただく」という理念に裏づけられたものでした。そのため、**訪問件数を目標としたわけではなく、理念に基づくあるべき状態をつくろうとして、結果として高いレベルの訪問件数が継続されていった**のです。

元気のない仲間を飲みに誘う理由

高知支店では、すべての判断基準が理念に基づくようになりました。

たとえば、終業時間後のお客さまへの対応です。高知支店では終業時間の午後5時半になると、それまでは留守番電話に切り替えていました。しかし、夜、料飲店で生ビールをジョッキに注ぐサーバーの具合がおかしくなるときがあります。

1日汗を流して疲れきったビジネスパーソンが、お店に入って生ビールがなかったらどう思うでしょう。ガッカリしますし、お店への印象も悪くなるかもしれません。これは、高知の人びとにおいしいキリンビールを提供して幸せになってもらうという、高知支店の理念に反します。

そこで、高知支店では、最後のひとりが帰るまで留守番電話に切り替えず、会社に残っている社員が不測の事態に対応できるように、自然になっていきました。サーバーの不具合の問い合わせがあったら、まずは担当者に電話をする。連絡がつかないときは、担当以外の者が対応していました。これなら、キリンビールのサーバーを置いているお店は安心します。

元気のないメンバーがいたら必ず、誰かが飲みに誘い、話を聞いてアドバイスしていました。そのメンバーが悩みを引きずったまま翌日、営業したら、高知のお客さまに迷惑がかかるかもしれないからです。

終業時間後の対応も、元気のない営業マンへのフォローも、誰かの指示による行動ではありません。もちろん、ほかのメンバーを助けても、自分の営業成績が伸びるわけでもありません。**彼らを動かしているのは、「高知の人びとを幸せにする」という理念を実現しようとする思い**です。そして、そのために必要なことはすべて自分がやるという行動原理です。

ハードワークを続けられる力、前進させる力は理念の浸透からもたらされます。

同じ店舗を回るという行動でも、理念に裏づけられた行動スタイルを身につけた高知支店では日々、お客さまからの信頼が高まり、V字回復を達成しました。他方、理念の裏づ

図表6　理念に裏付けられた「行動スタイル」は成果に結びつく

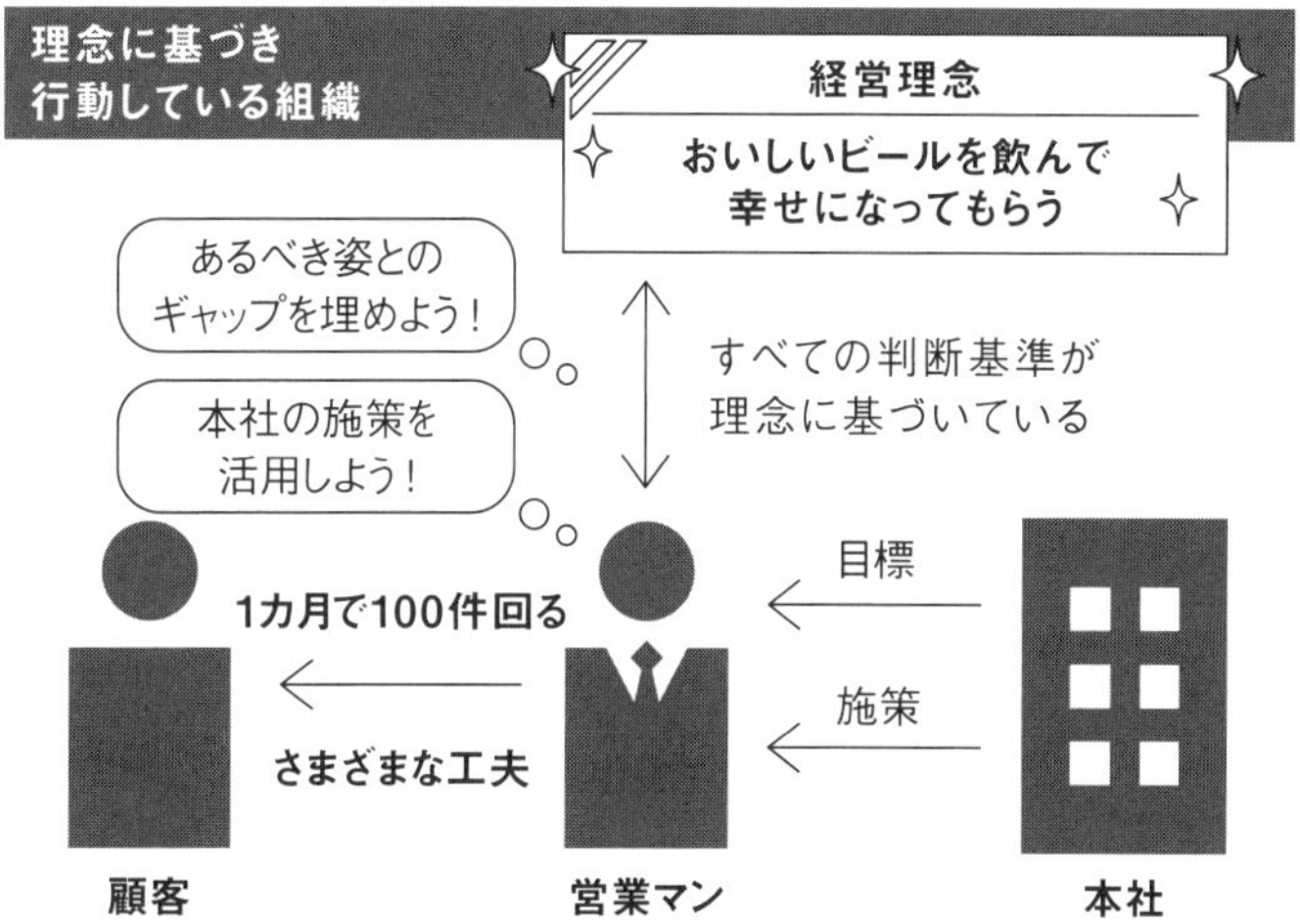

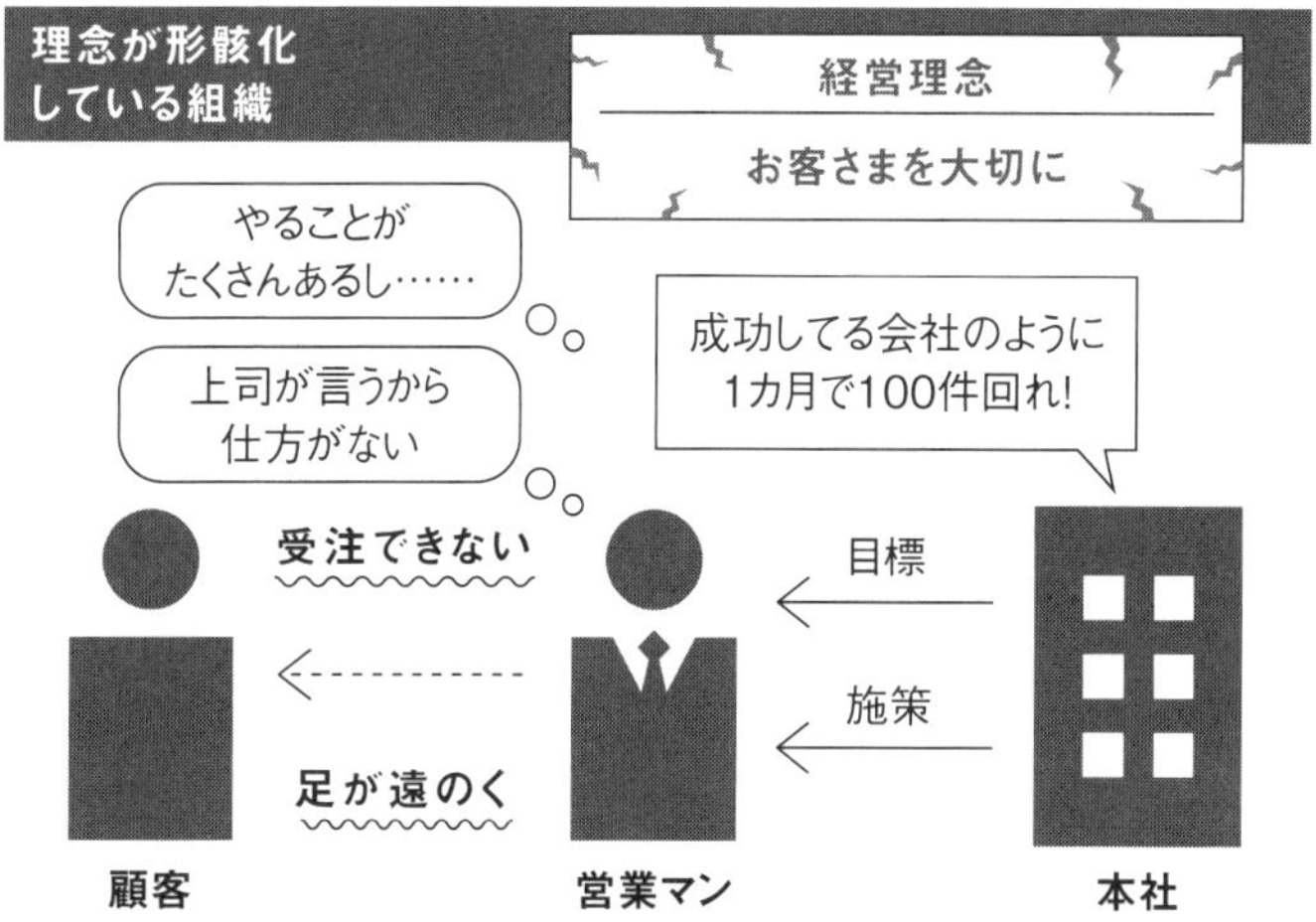

理念の裏づけのない行動は継続しても成果につながらない

けがなく、「上からの指示だから」と訪問件数をこなすだけの店舗回りを行なったほかの多くの支店では、成果がすぐに上がらないため、活動がフェードアウトしていったのです。

このことは、「理念では飯は食えない」は必ずしも正しいわけではなく、理念があるからこそ顧客関係力が高まり、収益を上げ続けることができる。つまり、**「理念があるからこそ飯が食える」**ことを物語っています。

ただし、「形骸化した理念では飯は食えない」とはいえます。

理念を確立するための3要素

理念は「指示の奴隷」から解放する武器

ここまでお読みになって、「わが社も理念、ビジョンを大事にしたい」、そう思っていただくことが第一歩です。ただし、思いだけでは不十分です。

世界に飛躍したホンダ（本田技研工業）創業者の本田宗一郎氏はこう述べています。

理念・哲学なき行動（技術）は凶器であり、行動（技術）なき理念は無価値である。

急ごしらえの理念をトップが用意して、会議の場で発表しても、社員にはよくわからないでしょう。その言葉を、**リアリティをもってイメージできるかが大事です**。

わたし自身、当初、支店長の仕事は上からの指示を上意下達で、部下に忠実に実行させることだと思い込んでいました。当時の部下たちも、自分たちの仕事は指示どおりに動くことだと考えていました。

上から下りてくる業務目標をどれだけ達成したかによって支店長としての評価が決まるため、どうしても上司に目が向いてしまう。支店はひたすら指示をこなし続ける「指示の奴隷」のような状態にありました。それでは得意先から信頼を得ることができず、結果として指示が徹底されません。競合企業はどこも似たようなことをやっており、**方針の徹底度こそが競争力の差異に直結します**。

では、どうしたら、方針の徹底度を高めることができるのでしょうか。

いわゆる「指示待ち」ではダメです。「指示の奴隷」状態から自らを解放し、自力で歯車を回していくには、自らの足で立つための確固たる土台がなくてはなりません。

そこで「指示の奴隷」の状態から支店を解放し、決めたことをやり抜くためのベースとなる武器が、理念だったのです。

①現場で動きながら考え続ける

では、どうしたら、リアリティの伴った理念を生みだせるのでしょうか。

わたしが社員たちに、高知支店としての理念を示したのは、着任して3年めの1997年11月のことでした。高知支店でいかにして理念が生まれたかを振り返ると次の3つが大事だったと思います。

① 現場で動きながら考え続ける
② 自らの会社の歴史や伝統を知る
③ 「木と森」の両方を見る

以下に詳しくお話ししましょう。

当時は、高知支店の成績は全国でも最下位クラスで、赴任2年めの1996年には、ついに県内シェア首位の座を四十数年ぶりにアサヒビールに奪われてしまいます。最盛期は8割近くあった県内シェアは、37％まで減少します。

キリン全体を見ても、かつては60％を超えていた国内シェアが、40％台まで下落していました。一方、本社は次々施策を打ち出すものの、下落の勢いを止めることができずにいました。

このままのスピードで売上高の下落が続けば、5年後には深刻な経営危機に陥るのではないか……。脳裏に「倒産」の二文字がよぎりました。

そのときに頭に浮かんだ問いは、**「キリンは世の中に残す価値のある会社なのだろうか」**という疑問でした。

その価値があるなら、会社の存続のため、自分は腹をくくって、正しいと思うことを発言し、実行していかなければならない。それが本社の方針と異なった場合、個人としてリスクを伴うことになるが、キリンはそのリスクを負うに値する会社なのだろうか。

夜、自宅で考えていると、尊敬する先輩の顔や、新入社員時代の岡山工場で働く現場の人たちの姿が頭に浮かんできました。彼らがいたから、いまのわたしがいる。とても励まされる気がしました。

それでも、なかなか答えが見出せません。わたしは**現場を回りながら、高知支店の行く末、さらにはキリンの将来について深刻に捉えざるをえませんでした。**

居酒屋や宴会で高知の人たちからキリンへの意見を聞く。支店のメンバーからもお客さまからの声や市場の反応を聞いていました。そんな毎日を送りながら、「あれほど売れていたが、いまは売れなくなった。キリンという会社は、いったい何だったのだろうか」とひたすら自問し続けました。

多くの高知の方から言われたことは、「キリンビールは自分にとって良い1日を過ごすために、とても大事なビールだった」ということでした。自分たちの商品がお客さまにとりこれほど意味のあるものだったということに目を見開かされる気がしました。

そうしてあるときに、「日本人に長く愛飲され、一人ひとりの大切な記憶につながるキリンビールは、守るべきものである」と心にストンと落ちた気がしました。

遡《さかのぼ》ること1996年末、社員全員で1泊2日の合宿を行なったことがあります。このままやっても、来年は負ける。なぜキリンは負けているのかを議論したのです。負けている理由はわかっても、どうしたらよいか誰もわかりません。

いつ終わるかわからない議論の終盤のことです。

「『アサヒに比べてキリンは営業に来ない』と感じているお客さまがじつは多い」。ある新入社員がそう言いました。すると、「それなら徹底的にお店を回ればいいじゃないか。そうしよう」とチームの中堅リーダーが応えました。いま振り返ればこのときの合宿がターニングポイントだった気がします。

じっと考え込んでいても、「自分はこうする」という覚悟はなかなか芽生えません。やはり**重要なのは現場を回ること**でした。お客さまとの雑談やちょっとしたやりとりを通じて、気づきを得たり、自社や自らの存在意義を認識するものです。こうしてリアリティを感じられる「理念」が生まれるのです。

②自らの会社の歴史や伝統を知る

会社の歴史や伝統に立ち返ることは、理念を考えるうえで必要なことでした。

わたしが入社した1973年は市場シェアが6割を超えたころで、独占禁止法に抵触することを避けるため、社内では「売りすぎないように」と、営業活動をうまく抑制する管理文化が強く、「保守的で、内向きの会社だな」と当時は思っていました。「夏場の品薄の時期には、社員はキリンを飲まないように」と言われたりもしました。

ところが、**社史を何度も読み、先輩から過去の話を聞くなかで、「お客さま本位」「品質本位」の企業理念を掲げて進化を続けてきた、キリンの「挑戦的」な一面が浮かび上がってきた**のです。

キリンビールは1907年の創立当初から、ただひたすらおいしいビールづくりに徹した会社でした。

戦前、キリンビールは競合相手であった大日本麦酒のビールより、値段が高かったため、市場シェアも大日本麦酒が75%、キリンが25%と大きく水をあけられていました。それが戦時中の配給制を経て値段が揃うと、ラガービールのコクと苦みが多くのビール愛飲家の心を摑み、キリンは徐々にシェアを伸ばしていきます。

戦前、ひたすらおいしいビールをつくることに徹していた努力が、戦後に花開いたので

す。大日本麦酒がアサヒビールとサッポロビールに分割されたこともあり、１９５４年には早くもシェア首位の座につき、以降、シェアはどんどん拡大し、１９７６年には63・8％にまで到達しました。

また、こんな話もあります。

キリンの技術者たちは、「最高品質のビールをつくり続け、お客さまに喜んでもらいたい」という信念のもと、商品が飛ぶように売れていたときにも、改善を重ねていました。売れているのに味に手を加えるのはリスクを伴います。それでも、ひたすら「最高においしいビール」を追求したのです。これこそがキリンの品質本位の伝統であり、その企業文化とキリンブランドへのお客さまからの信頼が、一番搾り、淡麗、のどごし、氷結などのヒット商品を世に出してきたのです。

キリンは理念を追求してきたからこそ、時代に認められ、成功し続けた。この再発見と再認識は、危機に陥ったときに拠《よ》るべきところを示してくれるものでした。

「われわれは、高知の人びとのことだけを真剣に考えよう。もっとおいしいビールをつくり、ひとりでも多くのお客さまに飲んでいただき、喜んでもらおう。そこに挑戦しよう。

それは、キリンの伝統に正しく連なる」

「この先、もしキリンの本体がどうなろうとも、高知支店は高知の人たちの幸せのために、最後のひとりになっても戦い抜く。ここに、自分たちの働く意味と存在意義がある」

こうして、どん底まで成績が落ち込むなかで、現場で動きながら考え続け、理念を実現しようとする覚悟のようなものが芽生えていった気がします。

キリンには、このように挑戦し続けるエピソードが、ほかにもあります。**どんな会社にも、現在に通ずる創業の原点があるはずです。**そもそも挑戦したから創業があったともいえると思います。

逆説的ですが、挑戦し、改革し続けないと、よき伝統は守れません。時代が変わるからです。

会社内で「保守派」という言葉が使われることがありますが、真の保守とは、改革し続けることだと思います。**「理念を武器に挑戦する」**。名古屋時代のメンバーが、デスクの上に掲げていたこの言葉を思い出します。

③「木と森」の両方を見る

全体と部分の両方を捉える視点、つまり「木と森」の両方を見ることも大切です。

序章で、アメリカ海兵隊で採用されているOODAループの意思決定プロセスを紹介しました。

「Observe（観察）→Orient（情勢判断）→Decide（意思決定）→Act（行動）」の4段階からなるOODAループで、とくに重要なのが2番めの情勢判断（O）で、「ビッグO」と呼ばれます。

現場で観察によって知覚した情報や、それまでに自分が蓄積してきた経験知など、部分的な情報や知識を総合して、全体としての概念を導く。すると、その全体像により、部分がまた意味づけられる。

こうして、「部分から全体へ」「全体から部分へ」と、部分と全体の両方を見ながら判断していくのです。

先ほど述べたとおり、わたしは県内の全市町村を回り、現場の一つひとつを観察しました。高知の人びとと直接向き合いました。

現場を回れば回るほど、情報が身体に蓄積されていきます。

その一方で、キリンの歴史と伝統を考え、全社の商品政策、営業政策に思いを巡らしていました。このプロセスのなかで、理念の実現がリアリティを持ち始め、「自分がやる」という覚悟や勇気が出てきた気がします。

部分と全体とは、木と森のような関係です。

木を見ながら森を見、森を見て個々の木を意味づける。木と森の両方を見ながら進める仕事のやり方を、わたしは若いころ、キリンビールに入社して最初に配属された岡山工場労務課と本社勤労部時代に学びました。

「大きな所に目を向け、細部にこだわる」です。

労務担当者は当時、工場の現場に入り込み従業員一人ひとりと向き合いました。

彼らの仕事ぶりや気持ち、置かれている環境、職場の雰囲気を感じとると同時に、素晴らしい工場にするために、人事や労務はどうあるべきかという全体感を意識していました。

賃上げ問題にしろ、個々の労務政策にしろ、個と組織、部分と全体をキャッチボールしながら、**「いちばん大事なことは何か」**を考えながら解決に向かうことを学んだ気がします。多くの事象のなかから本質を把握して、施策や政策に結び付けていくのです。

近年、企業を取り巻く環境が激変し、先行きが見通せないなかで森をさらによく見るためには、さまざまな考え方や価値観が世の中にあることを知っておく必要があります。よく縦軸と横軸といわれますが、先人たちの思想や哲学、歴史を学ぶ「縦軸」と、現在、世界で起きている現象に関心をもつ「横軸」の両方が大事です。それにより、自分の立ち位置が少しずつはっきりしてきます。理念を考える際に助けになります。

わたしが入社したころの先輩方には、戦前の旧制高校卒の方も多くおられ、総じて知識教養のレベルが高かったように思います。飲みながらの場が多かったのですが、そこで、私もたくさん学ぶことがありました。

近年、**リベラルアーツ**と呼ばれる教養を学び直すリーダーが増えているという話をときどき耳にしますが、大きく変化するいまの時代こそ、大事なことだと思います。

理念を共有するためにやるべきこと

「基本活動」の水準を飛躍的に上げる

理念を確立しても、それを組織で共有し浸透させなければ、何も変わりません。

1997年11月、わたしは高知支店の社員たちに次のように伝えました。

これからは「高知の人びとにおいしいキリンビールを飲んで幸せになっていただく」ことを高知支店の理念とする。

この理念を実現するためのあるべき姿が、「どの店に行ってもキリンビールが置いてあ

り、欲しいときに手にとっていただける状態をつくる」ことである。

このあるべき姿と現実のあいだには、いまはとてつもなく大きなギャップがある。そのギャップを自分たちの力で埋める。最下位の高知でそれができれば、キリン全社でも成功する。

それまで、上からの指示どおりに動くことが仕事であると思って疑わなかった社員たちにとって、「理念に基づいて仕事をする」ということは、にわかには理解できないようでした。

ところが、1998年初からスタートし、2、3カ月もすると、わたしが伝えたことの意味を明確に理解し、わたしの予想をはるかに上回るレベルで実践できるようになっていきました。

わたしが高知支店長に就任した当時の営業部隊は、売る力のない集団でした。彼らは、長い間、問屋や一部の酒販店へのお願いか、ご用聞きのようなことしかしてきていません。売る力のない集団にとって、初めのうちは、一件一件、初めての店舗を訪問する基本活動はかなりつらいものがあったようです。

それが、4カ月ほどたつと、まず身体が慣れていきました。「営業の基礎体力」がついてきたのです。

すると、訪問する料飲店から、少しずつよい反応が返ってくるようになりました。お店からの要望に対し、それが「なるほど」と思えばすぐに必ず応える。そうすると、お客さまから喜ばれ、キリンビールを10本でも置いてくれるようになる。

また、店舗回りをすれば、商品や市場のさまざまな情報が入ってくるので、それをお店に提供するとまた喜ばれる。すると、キリンビールをより前面に打ち出してくれる。お店に来るお客さまにもキリンを薦《すす》めてくれるようになる。

そうなると、どうすれば料飲店の店長やスタッフの期待に応えられるか、喜んでもらえるか、現場で動きながら考えるようになります。

この基本活動をひたすら繰り返していくうちに、お客さまや市場への理解が深まることになり、施策のレベルが上がり、得意先との関係も深まる。このように「実行力」が高まっていったのです。

行動により、得意先を始めとする周囲との関係性が変わっていき、周囲を巻き込み、状況を動かせるようになっていきます。市場に、ダイナミズムを自分たちで生み出し始めたのです。

「心の置き場」が変わった

社員たちが理念を理解し、理念に裏づけられた行動スタイルを確立できたのは、現場をよく回るという彼らの行動が下地にあったからです。

理念が行動に結びついたことで、ある変化に気づきました。

支店長のわたしも、社員たちも、**「心の置き場」が変わったのです。**

先述のとおり、理念に裏づけられた行動スタイルを実践する以前は、わたしも、高知支店の社員たちも、己の心は本社や上司との関係性のなかに置かれていました。その心のあり方は従属的なものでした。

それが、「高知の人たちにおいしいキリンビールを飲んで喜んでいただく」という理念に基づいて動くようになってからは、わたしたちの心は、つねにお客さまとの関係性のなかにありました。そして、行動は自律的なものへ変わっていきました。

まさに、心の置き場が180度変わったことを意味します。

心の置き場が変わると、目の前の世界がすべて変わります。

仕事における主役が本社や上司から、お客さまに変わる。

本社の視点でお客さまを見るのではなく、お客さまの視点から本社を見るようになる。

すると、本社の役割や位置づけも変わってきます。

それまで、たんに上からの指示どおりに動いていた高知支店の社員たちが、上からの指示を活用して、お客さまとの関係をつくろうとする。自分たちの力で歯車を回すようになる。この状態になると、もう上司のほうを向いて仕事をすることはなくなります。メンバーの行動も劇的に変わります。

「上司を見るな、ビジョンを見ろ」が合言葉になっていきました。

四国地区本部長時代のことです。ある年の秋口に本社から「今期は利益をキープするために、これ以上お金を使うな」と言われたことがあります。

当時、サーバーやグラスはメーカー協賛が基本ですから、これでは料飲店を回れなくなります。しかし、本社より大事なのは四国のお客さまです。お客さまのために自分のできることはすべてやる、というスタンスに立っています。そうはいってもお金はない。

そこで、四国のメンバーは朝昼晩のようにお店に出向き、「今年のぶんは来年利子をつけて返すので、何とかお願いします」などと言いながら頭を下げて回ったのです。普段の3倍くらいのお店を回ったと思います。随分怒られましたが、四国地区本部には悪影響はありませんでした。

一方、「お金がないから顔を出せない」といって、回らなくなったほかの地区本部は大打撃を受けました。この影響は、4、5年は続きました。一度失った市場の信頼を取り戻すには、時間と余計なお金がかかるのです。

このときの四国本部とほかの本部との差は、**心の置き場の差だけ**なのです。

理念をよりどころにしたマネジメントに踏み出す

上からの指示どおりに動く仕事のあり方から、理念に裏づけられた行動スタイルへの転換は、高知支店にどんな意味合いをもたらしたのでしょうか。

シェアが60％を超え、生産余力があれば80％も可能といわれるような寡占状態においては、「整合性をとること」が重要であり、中央集権的な管理が必要です。

ところが、業績が下降しても、管理文化という過去の成功体験から離れることはなかなかできません。現場も弱いままです。こうなると、後手、後手の対策を打つしかありませんでした。

これに対し、社内最下位の高知支店では、何をしていいかわからないなかで、これまでの仕事の仕方を根本から見直さざるをえなくなり、「たまたま発見した」経営理念をよりどころにしたマネジメントに踏み出すことになったのです。自分たちの組織の存在意味を定義し、可視化しないと、何も進められなかったのです。

第１章

大切なポイント

□ まずは理念を確立すること。理念が明確になれば、自分たちの向かう方向がはっきりする。「わたしたちは誰のために仕事をするのか」「わたしたちが提供する価値は何か」をつねに意識するようになる。

□ 理念を確立するには、①現場で動きながら考え、②自らの会社の歴史や伝統を知り、③「木と森」の両方を見る。

□ 理念が行動に結びつくことで、「心の置き場」が変わり、本社や上司のほうを向いて仕事をすることがなくなる。その結果、お客さまの心と対峙《たいじ》するようになる。

知識創造理論による読み解き

勝見明

1 理念は「暗黙知の蓄積」から生まれる

高知支店では、現場で動きながら考え抜いたことで、理念が導きだされました。**知識創造理論でも、「考えてから動く」のではなく、「動きながら考え抜く」ことが重要視されます。**

なぜ、「考える」ことが先ではないのか。

「考える」と「動く」は、ややもすると分離する傾向があります。そのため、「考えてから動く」では、「考える」と「動く」が分離し、考えるときは対象を外から捉え、分析するという傍観者的な視点に陥りがちです。そのような傍観者的な視点では、市場の本当の現実は捉えられません。

このことを詳しく説明しましょう。

知識創造理論では、同じ現実でも、**「客観的な現実」**と**「主観的な現実」**の二通りの意味があると考えます。

現実を外から見るのが「客観的な現実」であり、現実の中に入り込んで内から見るのが「主観的な現実」です。

たとえば、高知支店の成績がどん底だったころの「キリンビールと高知の人びととの関係性」を例にとりましょう。この関係性を外から捉えるとどんな現実が浮かび上がるか。

キリンのシェアの下落というデータが示すように、「キリン離れ」が進んでいる。これは客観的な現実でした。

一方、高知の人びとの心にキリンはどのように映っていたか。たしかにアサヒのスーパードライには押されているけれど、ラガーにはたくさんの思い出があり、忘れがたい記憶が埋め込まれている。キリンへの関心も残っている。それが、高知の人びとにとっての主観的な現実でした。

その主観的な現実は、高知の人びとと深くかかわり合い、その内面に入り込み、自分と相手が一体となったような境地にいたって初めて見えてくるものです。

主観的な現実の世界に入ると、客観的な現実として捉えたときにはわからない、高知の人びとの暗黙知も感じとれるようになります。その意味で、**客観的な現実は〝冷めた現実〟であり、主観的な現実は〝活きた現実〟**ともいえます。

それは、「考えてから動く」ではなく、現実の中に入り込み、「動きながら考え抜く」ことにより捉えることができるのです。OODAループの観察（O）も、たんに現場の文脈を外から観察するのではなく、活きた文脈のなかに身を置いて、細部に本質を直観するものです。まさに「動きながら考え抜く」視点です。

データは形式知であり、それを分析しても、そこからはなんら、新しい知は生まれません。なぜなら、**知識創造の源泉は、経験をとおして自らに蓄積した暗黙知である**からです。

一方、現場で動きながら考え抜くと、顧客にとっての主観的な現実が見えてきて、顧客の暗黙知も感じとれるようになり、それが自らの暗黙知として取り込まれていく。

こうして暗黙知を蓄積していくなかで、あるとき浮かんだ直観をもとに、「自分たちはこうあるべきではないか」「こんなことができるのではないか」と自分たちなりの仮説を立てる。そこから、新しい知が生まれていくと、知識創造理論では考えるのです。

田村氏は高知支店に着任以来、「高知の人たちがビールに何を求めるのか」「キリンに何を求め、どうあってほしいと思っているのか」を探るため、現場を徹底して回り続けました。

年間6000人もの高知の人びとと直接向き合いながら、主観的な現実の世界に入り込み、市場の暗黙知を感じとりました。それを経験知として積み上げ、自らの暗黙知を蓄積していきました。

こうして暗黙知を積み上げていったからこそ、普通の人だったら見逃してしまうような光景や、聞き流してしまうような声も、意味をもって取り込むことができた。

その過程で湧きあがった思いや信念、ひらめきが、やがて確信に変わっていきます。その確信から、「われわれの使命は、高知の人たちにひとりでも多くおいしいキリンビールを飲んで喜んでいただくことではないか」という理念に辿り着いたのです。

これは、現場で動きながら考え抜き、暗黙知を蓄積した結果であり、もし、机上で考えていたら、仮に理念をつくることはできても、たんなるお題目か、画餅《がへい》で終わったでしょう。

2 理念は「賢慮のリーダーシップ」の第一の条件

自分たちの存在意義を示す理念を明確にし、理念を実現するためのあるべき姿を描く。

図表7　客観的な現実と主観的な現実

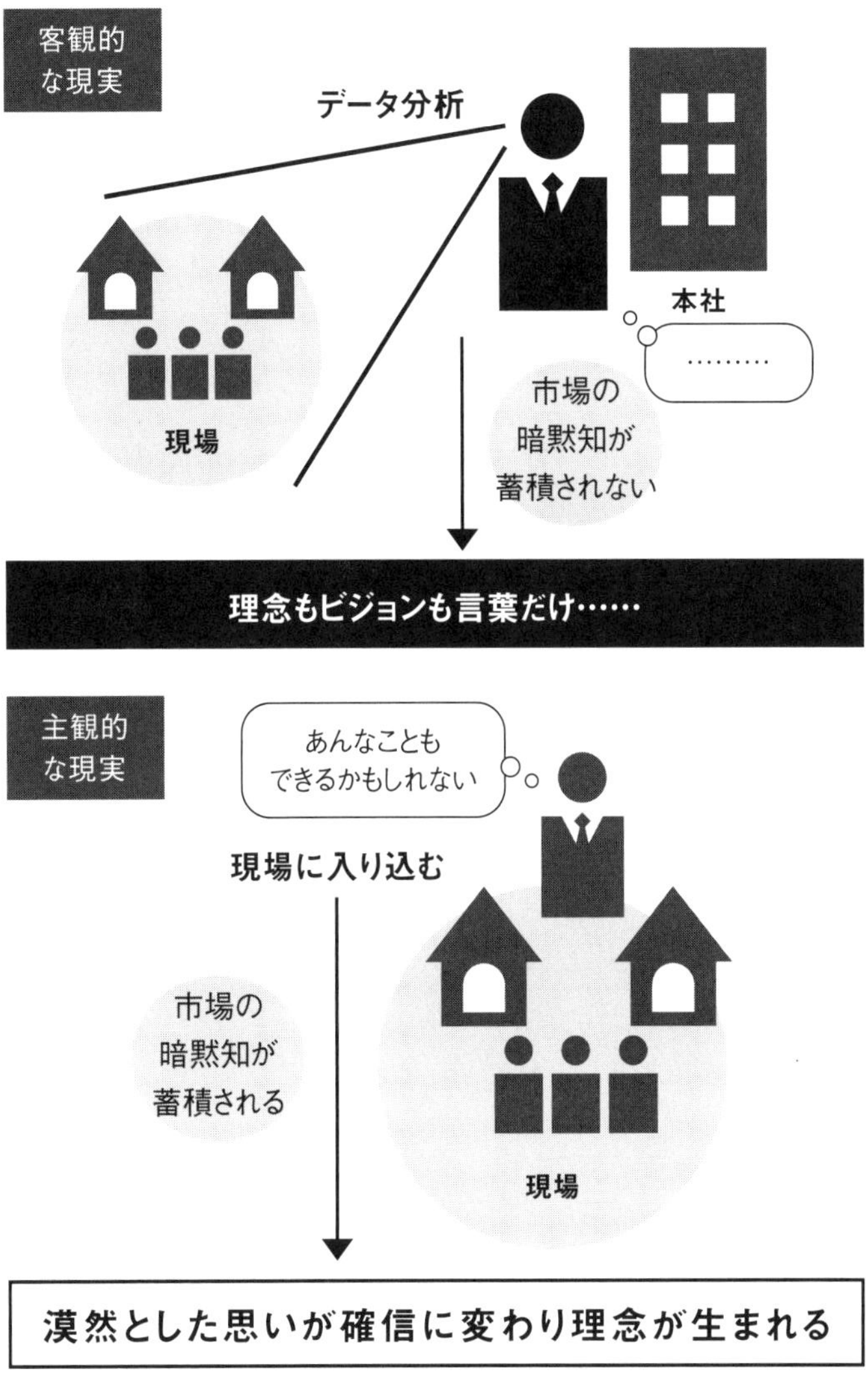

どん底の成績から高知支店を立て直すために踏み出した最初のステップは、リーダーのあり方として、どんな意味をもつのでしょうか。

知識創造理論のなかに、**「賢慮《けんりょ》=フロネシス」**と呼ぶリーダーシップのあり方を示すコンセプトがあります。

フロネシスとは、古代ギリシャの哲学者で、自然科学から論理学、芸術分野におよぶ広い範囲で偉業を残した知の巨人、アリストテレスが唱《とな》えた知の概念です。日本語では、賢慮と訳されます。

賢慮は、理論よりも実践を重視するため、実践的知恵という意味で**「実践知（Practical Wisdom）」**とも呼ばれます。この**賢慮のリーダーシップ（実践知のリーダーシップ）**に求められる条件として、次の6つの能力があげられています（図表8）。

①「何がよいことなのか」という判断基準をもち、「よい目的」をつくることができる
②ありのままの現実と向き合いながら本質を直観できる
③「場」をタイムリーにつくることができる
④直観した本質を概念化し、物語として伝えることができる

図表８　実践知のリーダーシップの６つの能力
～賢慮（フロネシス）のリーダーシップ～

①よい目的をつくる能力
②ありのままの現実を直観する能力
③「場」をタイムリーにつくる能力
④直観した本質を物語る能力
⑤物語を実現する能力
⑥実践知を組織化する能力

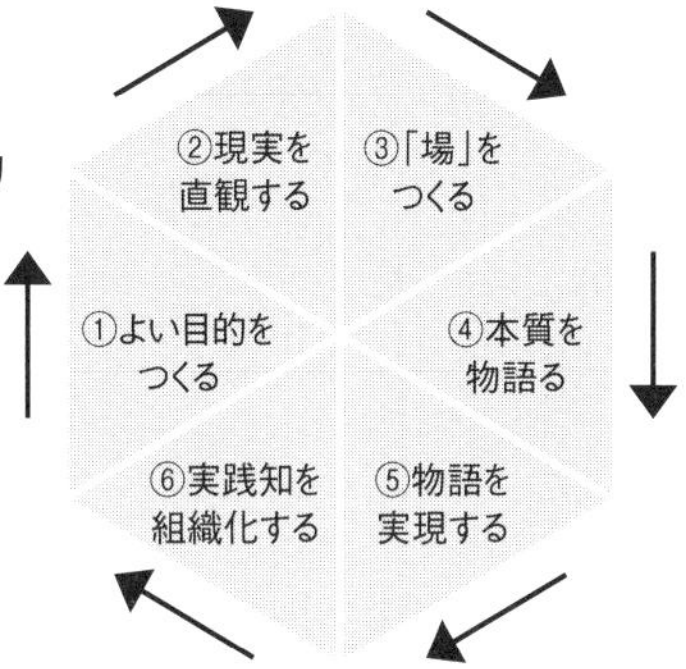

出典：野中郁次郎研究室資料

⑤　その概念を実現するためにあらゆる手段を駆使できるような政治力をもつ
⑥　実践知を部下たちのなかで育成し、組織に埋め込むことができる

高知支店において、リーダーが理念を打ち出し、あるべき姿を描いたことは、賢慮のリーダーシップでは、**①の「『よい目的』をつくる」**にあてはまります。

理念は、高知支店の社員たちにとって、すべてにおいて、「何がよいことなのか」という判断基準となりました。

賢慮のリーダーシップにおいて、リーダーにもっとも求められるのが、この「よい目的」をつくることができる能力なのです。

また、理念を導きだした過程を振り返ると、ほかの項目にもあてはまることがわかります。現場で高知の人びとと直接向き合い、ありのままの現実のなかに身を置きながら、何が本質的に大切なのかを直観したことは、②の**「ありのままの現実と向き合いながら本質を直観できる」**にあたります。

キリンの歴史と伝統を足がかりに、自分たちの存在価値を概念化し、部下たちと向き合う「場」において、これからは何をめざして仕事をすればよいのか、高知の人びととの関係性を築き直すという一つの物語として示した。

まさに、③の**「『場』をタイムリーにつくることができる」**、④の**「直観した本質を概念化し、物語として伝えることができる」**にあたるでしょう。

そして、落ちこぼれ集団だった部下たちは、理念に基づく行動を通して、実行力を高めていった。このことは、⑥の**「実践知を部下たちのなかで育成し、組織に埋め込むことができる」**という条件を見事に達成したことを示します。

意図したわけではないのに、田村さんは結果として、賢慮のリーダーシップを実践していた。それは、知識創造理論が、知識社会における思考と行動の指針を示すもっとも適した理論であることを物語っているのではないでしょうか。

第2章

戦略は顧客視点で考える

―― 考え抜くリーダーになるために

本章では、「理念・戦略・実行力」の3要素のうち、戦略の立て方、および、戦略を遂行するリーダーシップのあり方を示します。

第1章で、高知支店の理念は、会議室で考えるのではなく、現場で動きながら考え抜いたからこそ導きだすことができた、と述べました。理念を実現するための戦略も同様です。

「高知の人びとにひとりでも多くおいしいキリンビールを飲んで喜んでいただく」という理念を実現するための「あるべき姿」とは、料飲店であれば、「どのお店でも『ビール』と言えばキリンが出てくる」ような状態のこと。スーパーなどの量販店の店頭であれば、「最も目につきやすい棚にキリンの商品を多く並べてもらうようにする」ことです。

営業活動としては、当たり前かもしれませんが、**それが戦略的にきわめて重要な意味をもつことがわかったのも、現場で動きながら考え続けたから**でした。

理念やビジョン実現への道筋に、リアリティを与えなければなりません。しかし、道筋は目に見えません。リアリティを追求しようとするなら、現場で目に見えるものを通じて探し当てるしかないのです。目に見えるものから、一筋の確とした道筋を見出すのです。

理念が実現された「あるべき姿」と現状のギャップを埋めるには、次のふたつが必要です。

■顧客視点に立つシンプルな戦略と戦術
■現場とブランド（消費者）に強いリーダーシップ

キリンビール高知支店ではどのように戦略を立て、実行に移していったのか。その前に、本社の戦略がなぜうまくいかないのかを見てみたいと思います。

そこには、正確さをめざしながら、そのためにかえって真実から遠ざかってしまうことがあったのです。

データに囚われるな、現場の判断を信じよ

なぜ本社の戦略はうまくいかないのか

序章で述べたとおり、多くの企業では、経営トップや企画部門が策定したマスタープラン戦略が現場に下りてきます。

ところが、本社が立てた戦略が現場の直面している現実とずれてしまうケースは多くあります。**データに頼らざるをえないから**です。

さらにデータは読み方により解釈がさまざまにできますから、思い込みで現実を裁断してしまうこともあります。

市場調査のデータを用いて行なわれる分析方法に「SWOT分析」があります。

SWOT分析とは、外部環境や内部環境について、強み（Strengths）、弱み（Weaknesses）、機会（Opportunities）、脅威（Threats）の4つのカテゴリーで要因分析を行なうものです。「どのように強みを活かすか」「どのように弱みを克服するか」「どのように機会を利用するか」「どのように脅威を取り除くか」を考え、経営資源の最適活用を図る方法のひとつであると説明されます。

こうした**要因分析からは、「売れない理由」、すなわち、マイナス面である自社の「弱み」についてはすぐにわかります。**だから、多くの場合、競合相手に対する「弱みの補強」に取り組み始めます。**この選択が問題**なのです。

1990年代のキリンもそうでした。商品でも長年トップブランドだったラガーが、そのポジションをアサヒの「スーパードライ」（1987年発売）に奪われそうになりました。ラガーの苦みが若い世代や女性に敬遠されるようになったためです。

ここで、キリンは「弱みの補強」に走ります。

1996年2月、100年以上の歴史をもつラガーの味を変更し、苦みを弱め、飲みやすいラガーの発売に踏み切ったのです。

結果は大失敗でした。ラガーファンに失望を与えた一方、戻って来てくれるだろうと期待していた若い世代や女性からも、まったくといっていいほど、プラスの反応はありませんでした。

消費者が事前調査の段階でまだ見ぬ商品について聞かれて「話したこと」と、発売後に実際に接した商品に対して「行なうこと」とは必ずしも一致しないことも、このときに知りました。

要因分析をすればするほど、「弱みの補強」に入りがちになる。ところが、よけいに弱体化してしまう。商品や企業の持ち味、独自性の喪失につながりかねないからでしょう。

市場調査のデータは、あくまでも、過去のアクションの結果にすぎません。データに基づく計画は、いわば、バックミラーを見ながら運転をするようなものです。

過去の行動がわたしたちの未来を決定するのは明らかにおかしい。現在と未来を決めるのは、いま、ここにいるわたしたちなのです。

「弱みの補強」ではなく「強みの強化」を重視せよ

「弱み」を補強するのではなく「強み」を強化する。

この方針に気づけたのは、顧客回りをするなかでの現場の声がきっかけでした。

なぜキリンビールの売上が急降下しているのか。なぜ同じ県内でありながら、キリンとアサヒのシェア差が市町村ごとに違うのか。

宴会という宴会に足を運び、「キリンビールの○○と申します」と名刺を差し出しては、酒を飲みつつ、「ビールはどんな銘柄を飲んでいるのか」「なぜ、その銘柄を選んでいるのか」、会う人たちすべてに声を掛け、話を聞いてまわっていました。

こちらは大苦戦しているキリンの最下位支店ですから、必死にたずねるしかありません。

1日平均20人、年間6000人もの人たちと杯《さかづき》を交わしていたと思います。

そこで耳にしたのは、**お客さまが望んでいるのは「弱点の補強」ではなく「強みの強化」**だったということです。

高知の人に「キリンに期待するものは何ですか」とたずねると、「キリンはキリンらしくあってほしい」「もっと堂々としていてほしい」といった答えが異口同音に返ってきたのです。

「子供のころ、父親が嬉しそうにキリンビールを飲んでいた」

「会社でいやなことがあっても、家で冷えたビールを飲むと、明日も頑張ろうと思う」

しみじみとそう語る高知の人たちの声も多く耳にしました。

高知では、多くの人びとがラガーにまつわる大事な記憶をもっている。ラガーの売上高は下がっているものの、この「記憶の資産」は、ほかのブランドにはない「強み」にほかならない。

「キリンビールといえば、何を思い浮かべるか」とたずねると、圧倒的に多くの消費者が、歴史の浅い一番搾りより、100年以上の歴史があるラガーの名を挙げていました。

キリンビールを進んで手にとってもらうにはどうしたらいいか、と考えたときに、わたしたちは、**データ上のトレンドより、その時点のラガーというブランドのもつ力の大きさに着目せざるをえませんでした。**

「トレンドは最悪だが、高知ではラガーはまだ大きな力がある。高知の人びとの良い記憶のワンシーンにあるラガーのブランドを手段にして、お客さまとの信頼関係を築き直していこう。それができれば、ラガー以外のキリン製品も売れるようになる」

「味についても苦味やコクをマイナスなものと捉えるのではなく、苦みやコクこそ素晴らしいものだ、と伝えていこう」

これは、「強みの強化」により、ラガーを武器に、低下の一途のキリンのブランドイメージをもう一度確立する試みでもあり、お客さまの信頼を取り戻すことでした。

強みで勝負するこうした方針が奏功し、キリンブランドが強化されたことにより、四国でも名古屋でも、ラガー以外の銘柄や新商品など、キリンブランドの製品は、全国平均より高い実績を上げていきました。

つねにお客さまと接している現場では、ある種のエネルギーのようなものを市場から受け取っています。その現場の感覚を信じた。これによって、業績回復に至る道筋が開かれていきました。

現場を回れば「関連性」が見えてくる

1996年、高知県で四十数年ぶりにビールの県内シェア首位の座から陥落した当時、キリンは本社からは部門ごと、ビールの各ブランド、ワインや焼酎など、ジャンルごとに施策が次々と下りてくるため、営業活動は総花的になっていました。

どの施策に照準を合わせればよいか、誰もわからない。顧客から見れば、各ビール会社の施策の一つひとつの印象が乏しく感じられて、関心をもたれない。

その結果、得意先からは、「この会社は何をしたいのかわからない」と思われ信頼関係を築くことができなくなっていました。現在も多くの企業で見られる**「総花的な戦略」の問題点のひとつ**だと思います。

高知支店長に就任して1年、本社の指示を忠実に実行するのが自分の役割と考えていたわたしは、このまま本社の指示どおりに動いていても、支店の成績を回復させることは困難であり、高知支店の戦い方は自分たちで考えなければならないという状況になっていました。

総花的な営業が功を奏さないのであれば、施策の数を絞り込めばよいのかというと、そう簡単にはいきません。そもそも何に絞り込めばうまくいくかがわかりません。

では、何に頼ればいいでしょうか。

戦略を立てるうえでのヒントは、やはり現場にあり、そのためにはよく観察することが求められます。

先ほど述べたとおり、ひとりで県内のすべての市町村を回っているうちに、ある傾向に気づきました。

同じ県内でも、キリンのシェアがきわめて低い地域もあれば、以前と変わらず高いシェアを維持している地域もある。営業マンが同じ営業方針で回り、同じ広告を打っているのに、この地域差はどこから生じるのだろう。

そう思っているうちに、ひとつの関連性がわかりました。

それは、**料飲店の影響力**でした。料飲店でアサヒを取り扱っている割合が多い地域はアサヒのシェアが高く、キリンを多く扱っている地域はキリンのシェアが高い。つまり、外でよく飲むブランドを家庭でも飲む傾向があったのです。

料飲店で飲んだ銘柄がおいしいと感じられたら、家庭でも飲むようになるのではないか。そう思ったのです。

高知県内のビールの消費の構成比を見ると、家庭用が75%を占めるのに対し、料飲店用は25%と4分の1程度でした。しかも料飲店1店当たりの売上規模は小さかったのです。そのため、従来、高知支店の営業マンが回るのは主に問屋や一部の酒販店で、料飲店までは手が回っていませんでした。

しかし、わずか4分の1の売上高でも、その向こうには家庭用の需要があるのだから、料飲店の市場全体に与える影響は大きい。

そこで、1997年の営業戦略を**「料飲店の攻略」に絞り込むことにしました。**

市場を動態的に捉え、流れを反転させる

そもそも計画はある時点のデータをもとに類推してつくられますから、**「静態的（スタティック）」なもの**です。一方、**市場は「動態的（ダイナミック）」なもの**といえます。

顧客のニーズはつねに変化します。ビール業界であれば、景気や気候の変動、コマーシャルの良し悪し、ライバルメーカーの動向などによって、顧客の心理は変わっていきます。しかも、その変化の動きは、ちょっとしたきっかけで急に勢いがつくことがよくあります。

たとえば、25％の料飲店用の需要と75％の家庭用の需要とは別々ではなく、連動しているものと捉えることができます。

料飲店を攻略すれば、料飲店用と家庭用の両方を伸ばせます。これは、市場を動きのあるものと見る捉え方です。

百貨店で取り扱うギフトにも同じことがいえました。ギフトから家庭用への影響です。ギフトに関しては、採算上の理由で消極的な取り組みしかしてきませんでしたが、たとえば外商員にサンプルを配りキリンを薦めてもらったり、ギフトカウンターにキリンビールをメインで並べてもらうなど支店単独でできる活動を推進しました。

ひとりの人がお中元でもらった銘柄の缶ビールを飲み続ければ、ブランドスイッチが起ころ可能性は高まります。毎日スーパードライを飲む家庭の冷蔵庫に、ラガーの缶15本が入るのですから、舌がラガーの味に慣れます。当然、ブランドが逆になるケースもあるわけですが、同じ1ケースでも意味が全然違います。現場でお客さまから「そういえば……」と、ブランドがスイッチした瞬間を思い出していただいたり、多くのことを、教えてもらいました。

そこでよくわかったのは、**「ビールは情報によって飲まれている」**という事実でした。

一口に「情報」といってもいろいろあります、テレビや新聞、雑誌などマスメディアを媒介とした情報も影響力をもちますが、それ以上に高知の人びとのあいだで大きな影響力をもっていたのは口コミでした。

宴会や飲み会などで、それなりに影響力のある人が、「最近はスーパードライの人気が高い」「スーパードライは辛口でうまい」といった話をすると、それを聞いた人がまた、別の場所で話題にする。これが連鎖して、口コミがどんどん広まっていく。

「飲むならやっぱり売れているビールがいい」「人気があるビールが飲みたい」と思っている人たちは想像以上に多く、ブランドの選択は情報で左右されることがわかりました。

マスメディアの情報に加え、口コミでも広まっていくと、「口コミで話題になるビール＝売れているビール、人気のあって元気のいいビール」という情報が人びとの心の中にどんどん蓄積していきます。一方で、話題にならないビールを飲んでいると、「このビールを飲んでいていいのか」と不安になります。

ブランドスイッチは、心の中で情報の蓄積が臨界点に達したときに起こるのではないだろうか。

従来のキリンの顧客の一定割合がアサヒに変わり、また次の年、残りのキリンの顧客の一定割合がアサヒに変わり、また次の年も……という具合に、流れはどんどんアサヒに向いていく。

この情報の流れを逆転させなければなりません。

今度は逆に、「高知では、キリンがいちばん人気があって、売れている」という情報を高知の人びとの心の中に蓄積していけばいいわけです。

そこで、どの料飲店でも「ビール」を注文するとキリンが出てくる、量販店のいちばん目立つ棚にキリンの商品がたくさん並んでいる。「高知ではキリンが売れている」という情報を伝えよう。その状態を自力でつくり出そう。それができれば反転するはずだ。そう考えたのです。

ひとりのお客さまは、朝に新聞を読み、車でラジオを聞き、小売店で買い物をし、居酒屋でお酒を飲み、ときどき百貨店にも足を運びます。

そこで、**あらゆる接点を押さえ、そこからキリンの良さを発信させ、シナジー（連鎖）を起こすことが戦略**となりました。こうして「キリンがいいらしいぞ」という情報が、消費者、小売店、料飲店のあいだに口コミで広がっていきました。

変化は小さな積み重ねから生まれてきます。夢やビジョンは、目の前の「いま、ここ」を果たした延長上にあります。


もし、戦略を机上で議論していたら、「できるかできないか」の問題に突き当たり、先に進めなかったでしょう。**できるかできないかではなく、まずやってみる。**流れを変えるには、そうするしかなかったのです。

現場で動きながら考え続けたからこそ、漠然としたなかから気づきが出てきて、自分たち高知支店の力でお客さまの心の中の情報をコントロールできる、というイメージをはっきりともてました。

戦略は理念によってレベルアップする

目標をクリアしても喜ばない？

1997年から、高知支店のメンバーは料飲店を回り出しました。基礎体力がつき、実行力が高まるにつれ、店舗からもよい反応が返ってくるようになってきました。

一方で、一生懸命な彼らを見ていて、ある不安を抱いていました。

「これから先も、ひたすら現場を回ることに強いモチベーションをもち続けることはできるのだろうか」

料飲店の市場では成果が多少出ても、家庭用を含む市場全体では減り方が少なくなったとはいえ、キリンのシェアが下がり続けていました。

いずれ組織がもたなくなるのではないか。そう思っているとき、発見したのが、第1章で述べた創業以来のキリンの理念です。

この理念の発見によって、高知支店にとっての仕事の意味合いが、大きく変わりました。

仕事の目的は、高知で自分たちの理念を実現することにある。

戦略は、理念が実現されている「あるべき姿」と現実とのギャップを埋めるためにある。

理念が明確になったことにより、仕事の目的が、競合相手との競争に勝つことではなくなり、社員の言動もお客さまに喜んでもらう、そのために市場は「こうあるべきだ」という、理念の追求へと転換しました。

理念が確立され、それを土台としてその上に戦略が組み立てられていきました。

競合相手との競争は、競争に勝った時点で目的が達成されます。しかし**理念の追求は、ひとつの目標が達成されても終わることなく、ずっと続きます。**戦略・戦術の質が向上を続け、いつまでも「勝ち続ける」ことができるのです。

そのことを物語るのが、２００１年に高知県内でシェア1位を奪還したときの話です。

5年ぶりに首位の座に返り咲いたのに、支店の誰ひとりとして喜ぼうとはしませんでした。

社長賞（キリン大賞）も獲得しましたが、お祝いもしませんでした。

社内でも讃えられた卓越した業績を、どうして喜ばなかったのでしょうか。

その年のシェアは約44％。たしかに、アサヒとの競争には勝ちました。しかし、**「高知の人びとにひとりでも多くおいしいキリンビールを飲んで喜んでいただく」という理念を具現化するには、シェア１００％を実現しなければならなかったからです。**

この理念を追求する意志こそ、高知支店を高知支店たらしめているものである、と思いました。

社長賞を受賞したのち、高知支店のメンバーに向けて次のようなメッセージを書きました。

「『積極的に困難に立ち向かい、それを切り抜けて、大きな成果につなげていこうとする勇気と姿勢』、これを高知支店として、意識して守り、次に伝えていかなくてはいけない」

このように伝えたのは、わたし自身、ノウハウやテクニックがないのに勝ち続ける理由を社内外から聞かれてもよくわからず、社長賞受賞後の帰りの飛行機のなかで、その理由がわかった気になり、メンバーに明らかにしたかったからです。

2001年の秋、わたしは四国4県を統括する本部長として、高知から香川県高松市へと転出します。それから5年後の2006年、2代あとの支店長（宮本典晃《のりあき》氏）のもとで、高知のキリンシェアは60％にまで達します。人員増があったわけではありません。理念と関係のないことは何ひとつやらなかったからです。

その年のキリンの全国シェアは37・6％。キリン社内2位の愛知県が45％前後でしたから、ダントツの成績でした。それでも、高知支店のメンバーが喜んだという話は聞いていません。

高知支店のメンバーたちは、計画目標をクリアしても、ライバルメーカーとのシェア争いに勝っても、関心はただひとつ、理念の実現だけでした。自分たちで作戦を考え実行し、共有化し、さらに上の作戦を考える。**戦略・戦術のレベルは理念によって高くなり続けます。**

名古屋の営業企画のメンバーが、「理念の継承」と記した紙を机に貼っていました。「理念を力に」というメッセージを送ってくる親友もいます。理念を自分事として、身近に置いて何をすべきか考え、実行する。これがゴールです。

既存の常識に縛られずに戦略を発想する

自分たちは何のために仕事をするのかという理念が明確になり、とるべき戦略が決まると、営業マンたちも既存の概念に囚われない戦い方を展開し始めます。

既存の概念に囚われない戦い方とは、どういう状態でしょうか。

一例を挙げると、営業活動において、一般的にＡＢＣ分析的なクラス分けの方法が用いられます。営業で回る先を売上高や利益の大きさでＡ、Ｂ、Ｃの3ランクに分け、Ａランクの売り先を優先して回るやり方です。

Aランクの店舗を重点的に回るのは、営業効率優先の考え方です。キリンの本社から下りてくる施策も基本的には効率優先でした。

これに対し、高知支店では、営業マンが店舗を回るとき、売上の大きなAランクの店舗だけでなく、個人経営の街の店舗のように、さほど大きな売上は見込めないCランクの店舗まで、すべてを回っていました。

高知支店の理念が「高知の人びとにひとりでも多くおいしいキリンビールを飲んで喜んでいただく」ことである以上、大型店に行く顧客も、小型店に入る顧客も、同じようにキリンのビールを飲めるようにすべきであり、それが使命と考えていたからです。

また、高知支店の戦略は、たんに店舗でのキリンビールの売上を上げることではなく、「高知でキリンがいちばん売れている」という情報を伝えることにありました。そうするためには、キリンがいちばん目立ち、ビールを頼むとキリンが出てくる状態をつくることが、ビジョンであり戦略でした。

その結果、A、B、Cのどのランクにおいても、「すべて勝つ」ことが可能になってしまいました。

なぜ、すべての店舗を回ることに徹した高知支店の社員は成果を出すことができたのか。

ひとつには、すべての店舗をくまなく回ったことで、市場のちょっとした情報も営業マンに入ってくるようになり、それが営業の武器になったからでした。

もうひとつの理由は、営業マンの企画・提案力と行動力が高まったからです。

高知県内のすべての店舗を限られた時間内で回り、すべてのビールをキリンにするには、あらゆる創意工夫が求められます。そこで培われた力がAランク店にも活かされました。

また、Aランク店だけに行っていると、気づかないうちに「ここだけでいい」という受け身の姿勢が生まれがちです。

一方、Cランク店まで回っている営業マンは必死さが違います。本気の姿勢は得意先にも伝わり、信頼につながります。しかも本気の中身が、自分のためではなく、お客さまのためですから、なおさらです。

Aランクの店舗を重点的に回るのは、売上や利益などの数字に目を向ける、売り手を起点とした発想です。これに対し、Cランクの店舗を回らないのは顧客に対する差別であり、お客さまに申しわけない、と考えるのは顧客を起点とした発想です。

顧客を起点にすれば、これまでの常識に縛られずに戦略・戦術を発想できるようになります。

つねに相手の立場に立って考える

理念を実現するためには、スーパーマーケットなどの量販店でも「あるべき姿」をつくらなければなりません。まだキリンの商品力は下がったままでしたが、それはもう関係ありません。

従来の量販店への営業は、本社から指示された目標数を達成するため、「今月、この商品のキャンペーンを行ないます。景品を付けるので○○ケース、お願いできますか」と、いかに多く引き取ってもらうかが勝負でした。

しかし、当時のキリンは「落ち目」であり、量販店の店長やスタッフは、キリンの要望にはあまり耳を貸してはくれませんでした。

ところが、理念を打ち出してから、量販店への営業方針が根底から変わります。

従来のような「メーカーのロジック」を店側に受け入れてもらうのではなく、どうすればお店のなかでアルコール類全体の売上を伸ばせるだろうかという**「スーパーのロジック」**を聞き、考え、店長やスタッフと一緒になって、魅力的な売り場をつくる、というようになっていきました。

いわば自分の土俵で相撲をとっていたのを、相手の土俵で相撲をとるスタイルに変わっていったのです。相手の立場に立って、ともに課題を解決し、お客さまが行ってみたい、お買い求めしやすい売り場をつくっていく営業スタイルです。

そのような売り場をつくれば、キリン商品のブランドの価値も伝えやすくなります。

第1章でも触れましたが、理念をかかげた結果、**心の置き場が本社からお客さまに変わったことで、量販店の売り場の意味合いが、たんに数字をつくるための場所から、自社商品の価値をお客さまに伝える場所へと変わった**のです。

こうして、お店の担当者と一緒に汗を流しながら、売り場づくりを続けていくなかで、量販店側との信頼関係を少しずつ積み上げていくことができました。そうして、キリンのブランドメッセージを売り場から多彩に発信できるようになっていきました。

たとえば、一番搾りのキャンペーンを活用しながら、一番搾りのどんな価値を伝えれば、高知の人たちの心に響くのか、どんな売り場をつくればその価値が伝わり、お客さまに手を伸ばしていただけるかを考えるようになったのです。

そして、キャンペーン後も同じPOP広告を継続して使ってもらい、その商品の良さを発信し続けてもらうこともできるようになりました。高知の人たちに価値を伝えることが目的なので、キャンペーン期間は関係ないのです。

理念に共感してもらえるパートナーをどれだけつくれるか

量販店での営業方針の転換は、何を意味するのでしょうか。

高知支店の理念においては、**「われわれの顧客」は高知の人びと**です。

そこで、量販店の店長やスタッフと一緒に良い売り場をつくり、互いに信頼関係を築きながら、キリンビールのブランド価値を高知の人たちに伝えようとしました。そうすると、そのブランドのファンが増え、量販店の売上全体も上がっていきます。

図表9　「取引先のロジック」と「売り手のロジック」の違い

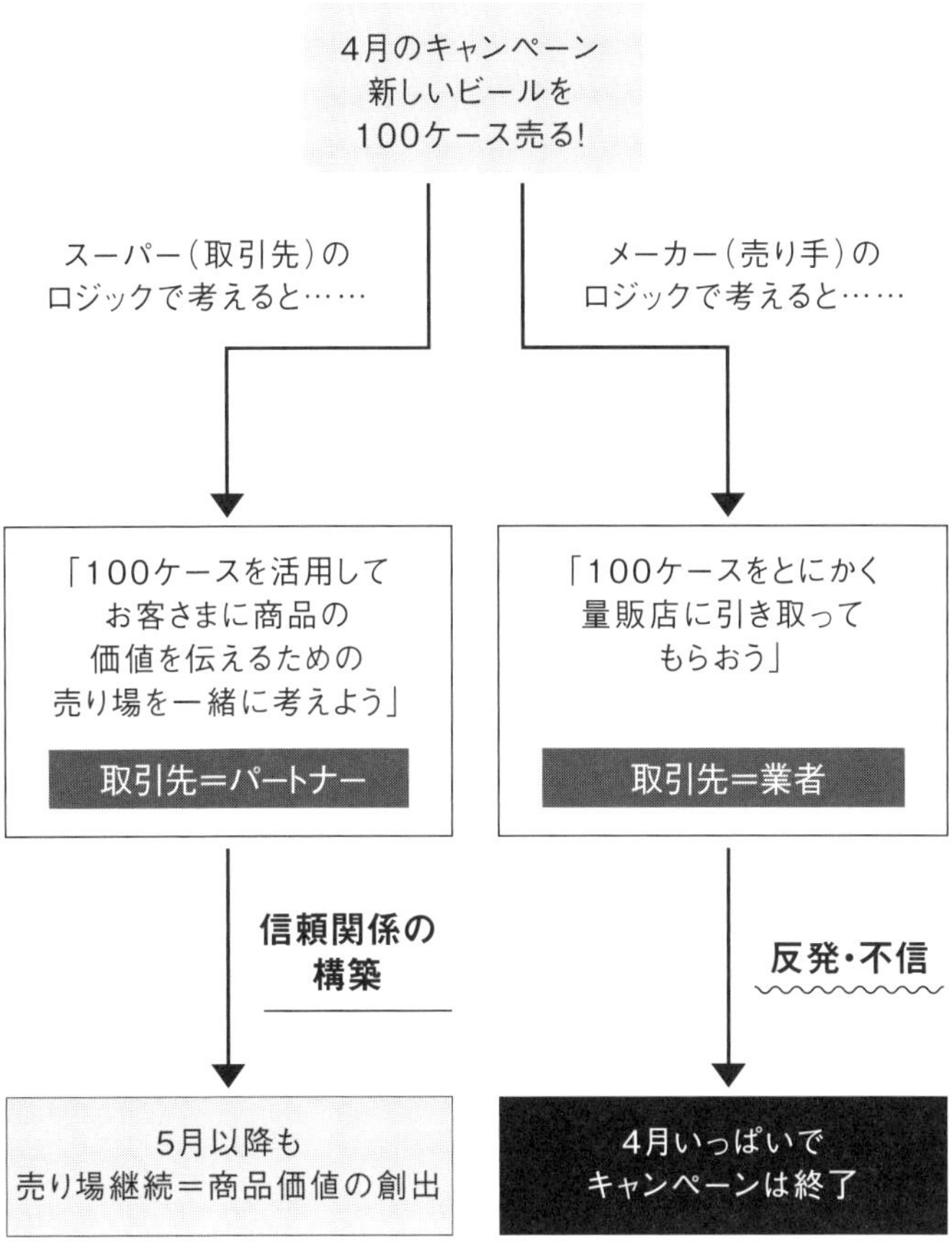

社員一人ひとりに理念が浸透すると
目的や行動が変わってくる

つまり、量販店は高知支店にとって、**直接の取引先であると同時に、戦略を一緒に遂行してもらう協力者となり、パートナーとなったのです。**

そのとき大事になるのが、**自分の売上ではなく、高知のお客さまの利益を大切に考え活動していることを理解してもらい共感を得ること**です。

ひとりでも多くの県民にキリンビールのことを伝えたい。しかし、高知支店の予算も人員も限られていました。限られた戦力でどう伝えるか、知恵をしぼった戦いです。

「キリンの良さを伝えたい」という思いをもっていたとしても、相手も千差万別ですから、その伝え方のマニュアル化は難しいです。しかし理念が浸透し、共有化されていると、現場でさまざまな工夫が出てきます。

立ち寄った酒販店の隣で商業ビルが建築中であれば、「完成後に料飲店が入りそうでしたらすぐにご連絡ください」とお願いする。

ほかの支店に、料飲店で働く従業員一人ひとりにサンプル商品を手渡ししていた営業マンがいたそうです。飲食店を営む息子をもつ方がパートとしてたまたま働いており、そのお店のビールをすべてキリンにしてくれたという話も聞いたことがあります。

マンションに住んでいる社員は、各ポストに「このマンションには、キリンビールの◯

○○が住んでいますから、よろしく……」というような顔写真入りのレターをときどき入れていたようです。

いまは、ネットやSNSなども含めると、伝達手段はいくらでもあります。お金をかけず、猫の手を借りてでも、**「伝える」という姿勢がとくに大事**です。そうした積み重ねが臨界点を超えれば、そこからあとは、口コミで、「キリンはいいらしい」「頑張っている」「困ったら助けてくれそうだ」という情報が、高知県内に広がっていきました。

当たり前の話ですが、伝えないと伝わりません。ブランド力は、本社がつくる広告や商品だけでなく、営業活動が「つくる」ものだとこのときに実感しました。

戦略に強いリーダーシップ

部下の心に火をつけるには

理念をかかげるにしても、正しい戦略を考え抜くにしても、欠かせないもの。それは、**リーダー自身の心構え**です。次の質問をよく受けます。

「どうすれば部下の心に火をつけることができるのか」

わたしは支店長時代、「部下の心に火をつけよう」と思ったことはありませんでした。自分が何をしていいかわからないときにそんなことを考える余裕はありませんでした。

そこで、当時の部下たちに会った際、「どうして心に火がついたのか」と聞いてみたところ、部下たちは3つの理由をあげました。

第1に、リーダーがぶれなかったこと。
第2に、自分たちで考え、実行できたこと。
第3に、情報がすべてオープンだったこと。

振り返ると、わたし自身「なるほどな」と思い当たります。ここでは、ひとつめの、**「けっしてぶれない」こと**についてお話しします。

なぜぶれずに済んだのか。普通はぶれるものです。誰でもそれほど自信があるわけではありません。上がぶれれば、下はさらに振幅が大きくぶれます。

わたしがぶれずに済んだのは、「お客さまの満足を追求する」。ここに軸を移したからだと思います。

「本社の指示をこなすのが目的ではなく、本社の指示や施策を活用して、高知のお客さまに幸せになってもらう」。そのように立場が変わり、それに一心に向かったから、メンバーからぶれてないと見られたのでしょう。

リーダーとしてぶれないためには、誰が何を言おうと、**「自分はこれをやり抜く」と決めなければなりません**。

とくにこれからはＡＩ時代といわれていますから、分析能力や記憶能力よりも**「いま、こうする」という意志**がより重要となります。

「田村さんの話はよくわかりますが、やることがたくさんあり、その処理で精一杯のなかで、何とかしたくても、一歩前に踏み出す勇気がもてない。どうしたら、腹をくくれるんでしょうか」

これも講演でよく質問されます。

自分の過去を振り返ると、普通のサラリーマンが覚悟をもつなどありえない、と思わざるをえません。わたしも高知に着任した当初は、覚悟の「か」の字ももっていませんでした。

それでも腹をくくれた理由は、**「もう本社のせいにするどころではない。自分で考えなければ」**という立場に立てたからだと思います。

高知の人たちの話を聞く、支店でメンバーの話も聞き、同時に意見も求める。そういう日々のなかで、漠然とですが、「あるべき姿」への道筋が浮かんでくる。それを現場でやってみる。そして再び観察するといった日々の積み重ねが、徐々に「覚悟」になっていったのではないでしょうか。

覚悟とは心の内面のことなので、はっきりと目に見えるものではないのですが、まずは行動してみることが重要だと思います。

そうすると、周囲との関係性が変わる。それに適応する手を打つ。するとまた関係性が変わっていく。そういったなかで、自分が周囲を動かしている、ダイナミズムを自らつくり出しているという実感が湧いてきます。すると次第に「自分がやる」という覚悟が芽生えてくる気がします。

数字の奥にあるものを見る

本章の冒頭で、過去のデータより現場の感覚が大事だと述べました。誤解がないように、

「数字」についてあらためてふれておきます。

わたしは現場をよく回っていましたが、それと並行してじつは誰よりも数字を見ていたのではないかと思います。数字は以下の理由で、非常に大事なのです。

1、仮説を検証するには、数字がないと始まりません。数字の奥にある意味を探ろう、と毎日のように画面を凝視していました。

2、自分たちの活動に意味があれば、必ず数字に表れます。表れていないなら、どこかに問題がある。それは方針の間違いなのか、あるいは実行度が低いからか。いずれにしても、考えるきっかけになります。

3、営業の自己満足、営業の堕落を防ぐためにも数字は大事です。数字が悪くても自分はやっているのだから、と思った瞬間に成長は止まってしまいます。

4、絞り込んだ施策に対し高い目標を設定すると、メンバーは疑心暗鬼になるものです。結局、最後にメンバーがついてくるのは、**「リーダーの言うとおりにしたら数字が上がった」**なのです。

わたしは、**0・1%でも現場の数字が変われば、メンバーにきめ細かくフィードバックしていました。**お客さまのことを考えながら、現場を強化していけば、必ず数字はついてくるものです。

本章は、「理念・戦略・実行力」の3要素のうち、リーダーに求められる戦略の立て方、および、戦略を遂行するリーダーのあり方について述べました。

多くの人は、あるべき姿と現実とのギャップを埋めることは自分の力ではできない、と思うかもしれません。

しかし、高知支店のメンバーは、明確になった理念を実現するための戦略・戦術を自分たちで描くことで壁を乗り越えました。

あとは現場での実行力です。次の第3章では、組織の実行力を高めるためにリーダーが行なうべきマネジメントのあり方について考えていきます。

大切なポイント

□ 理念―戦略―戦術の縦軸が組織において決定的に大事。なかでもこの中核を占める「戦略」がカギとなる。その答えは現場にある。

□ つねに顧客を起点にすれば、「常識」に囚われない戦略を発想できるようになる。

□ リーダーは理念を実現するための戦略を「考え抜く」覚悟をもつこと。

第２章
解説

知識創造理論による読み解き

勝見明

1 変化の激しい時代には「消耗戦」より「機動戦」が重要になる

高知支店が、上意下達という従来の仕事のあり方を否定的に問い直し、立て直しのために行なった理念に基づく経営は、新たな知識創造でした。

しかし、**支店が動員できる戦力は限られていました。その限られた戦力でどのように戦ったのか**。その戦略を読み解いてみましょう。

知識創造理論では、戦いのあり方には**消耗戦と機動戦**のふたつのタイプがあると考えます。

消耗戦とは、本隊同士がぶつかり合う正規戦です。軍事力を最大限に活かして敵の戦力の重心を集中的に攻撃し、敵を物理的に壊滅状態に追い込む戦い方です。

敵の戦力を分析し、明確な計画を立て、物量で圧倒して勝つ。

消耗戦を遂行するには、トップダウンの中央集権的な階層型組織が適しています。


一方、**機動戦は、迅速な意思決定と的確な兵力の移動・集中により、敵の弱点を突いて、物理的・心理的に優位に立ち、主導権を握る戦い方です**。

消耗戦が物量で戦うのに対し、機動戦ではあらゆる手段が駆使されます。

孫子の兵法が説くのは、この機動戦です。孫子は「戦わずして人の兵を屈するは、善の善なる者なり」と説き、最小限のコストで最大限の勝利を得る賢い戦いを理想としました。

孫子の兵法のなかに出てくる一点突破全面展開の戦略も機動戦です。

機動戦を遂行するには、絶えず変化する流動的な状況に対応するため、現場での判断と実践が優先され、第一線に立つ一人ひとりが自分で考え、行動する**自律分散的なネットワーク型組織**が必要になります。

この**機動戦を徹底して追求したのが、アメリカ海兵隊**でした。機動戦を戦うため、隊員一人ひとりの機動力を高めるためにたたき込むのが、序章で田村氏も紹介していたOODAループの意思決定プロセスなのです。

図表10　消耗戦と機動戦の比較

	消耗戦	機動戦
焦点	戦闘： 戦場での戦力、戦力比と消耗比、量	敵の結束力： 精神、道徳、身体面での安定性、質
強調点	軍事能力、計画： 優位性と物量で圧倒して勝つ	信頼、イノベーション、スピード： 戦況の観察・情勢判断・意思決定・行動ループの速さで混乱させて勝つ
性質	階層的	ネットワーク的
スタイル	全体的、中央集権的、競争的、指示的、標準化	分権的、自律分散的、協働的、適応的、独自性
手段	敵の戦力と戦闘遂行力の破壊	敵の「勝てない」という認識の創出
目標	敵の戦力の破壊	新しいパラダイムの創造
事例	ナポレオン、グラント、Dデイ、ベトナム戦争のアメリカ軍	ハンニバル、雷撃戦、毛沢東の遊撃戦、ベトナム戦争における北ベトナム軍-ベトコン
要件	大量の火力、技術、工業力、中央制御	信頼、プロフェッショナリズム、個人のリーダーシップ
リスク	不均衡の脅威、副次的損害、長期化、膠着、死傷者の増加	個人の率先力・モラルの高さ・正確な状況判断・創造的な対応に依存、組織への浸透の難しさ
特徴	ジョミニの戦争論、サイエンス的、定量的、線形的	孫子、クラウゼヴィッツ、リデルハート、毛沢東の戦争論、アート的、定性的、非線形的

出典：Hammond, G.T. (2001). The Mind of War: John Boyd and American Security, Washington, Smithsonian Books. P.153のTable 6に基づく。

ビジネスの世界でも、変化の激しい流動的な市場で事業を展開するには、**価値の源泉となる知識を高速回転で創造し、柔軟な構想力と迅速な判断力、行動力を駆使する知的機動戦が求められる**ようになっています。

とりわけ、戦力が限られている場合、この知的機動戦が重要になってきます（図表10）。

ビール会社同士の戦いは、通常は消耗戦が展開されます。新しい商品を開発しては、本社主導で大量の広告宣伝や各種キャンペーンを投入し、多くのリソースを使い、全国の営業部隊を総動員して販売合戦を繰り広げます。

1990年代半ば、キリンはアサヒと消耗戦を展開した結果、それまでの寡占状態から、スーパードライという強大な戦力に押され、守勢に立たされていました。

これを挽回しようと、キリン本社はトップダウン型で総花的に次々と施策を繰り出しては、戦力の逐次投入を続け、戦果に至らない状況が続いていました。

本社主導による正規戦では何をやっても敗退を重ねるなかで、高知支店が限られた戦力で反攻の突破口を切り開くために選択した戦い方は、知恵を駆使して戦う知的機動戦にほかなりませんでした。

2 限られた戦力を活かすには直接戦略より間接戦略が有効

消耗戦と機動戦とでは、とられる戦略が異なります。大きな違いは、ターゲットに対するアプローチの仕方にあります。

消耗戦では、一般的に正面からターゲットにアプローチし、中央突破すると、あとは力で押し切る直接戦略がとられます。

これに対し、機動戦では、多くの場合、間接戦略がとられます。間接的な手段も駆使してターゲットにアプローチし、いろいろな策をめぐらしながら、トータルで相手に勝つのが間接戦略です。

高知のビール市場のメイン・ターゲットは消費の75%を占める家庭用の需要でした。

このターゲットに対し、アサヒも、キリンも、直接戦略で消耗戦を展開した結果、キリンは県内トップシェアから陥落するに至ります。

そこで、高知支店では1997年の年頭より、**限られた戦力を、それまで接触することのなかった料飲店の攻略に向け、その影響力を「てこ」のように活用して、その向こうにいるメイン・ターゲットにアプローチする方法に着手します。**

料飲店には多くの来店客があります。その影響力は大きなものがある。一人の営業マンの力は限られていても、てこの原理で何件もの料飲店でキリンビールを扱ってもらえるようになれば、家庭用の需要でもブランドスイッチを起こすことができる。

ここに、本社主導の直接戦略による消耗戦とは一線を画し、間接戦略による知的機動戦へと踏み出したのです。

3 「相対価値」より「絶対価値」をめざす

その後、田村氏は、高知支店としての独自の理念を打ち出します。これにより、戦略の意味合いも大きく変わっていきます。

知識創造理論では、ものごとの価値には**相対価値**と**絶対価値**のふたつの面があると考えます。戦略のあり方は、どちらの価値を主軸として追求するかによって大きく変わってきます。

相対価値は、競争相手との比較優位に基づく価値で、要は「競争に勝つ」ために追求する価値です。

1990年代半ば、キリンの本社は「これ以上、アサヒにシェアを奪われてはならない」と、相対価値の追求に躍起になっていました。ほとんどの施策が対アサヒ戦略となっていたようでした。

そのため、本社から次々下りてくる施策も、相対価値の追求に基づいたものでした。

1997年の年頭から高知支店が着手した料飲店の攻略も、当初は、アサヒからシェアを取り戻し、競争に勝つことが目的で、相対価値を追求した戦略でした。

一方、**絶対価値は自分たちの価値観や自らが信じる真善美に基づいた価値で、「自分たちはこうありたい」という思いを大切にするために追求する価値**です。

「○○に勝つ」「××より優位に立つ」という相対価値を追求する戦略が陥りがちな問題点は、競争相手という比較対象を固定化してしまうため、近視眼的になり、成果が出たとしても短期的成果で終わる可能性が高いことです。そうではなく、絶対的で持続的な成果を生む戦略を打ち立てるために必要なのが、理念なのです。

高知支店がかかげた理念は、まさに絶対価値を志向するものでした。

理念を明確にするとともに、戦略はあるべき姿と現実とのギャップを埋めるためにあると、はっきり位置づけました。

つまり、**戦略の目的は理念を実現することにある**、と。

こうして、理念が明確になったことにより、戦略の目的が、競合相手との競争に勝つという相対価値の追求にとどまらず、「自分たちはこうありたい」という絶対価値の追求へと転換したのです。

相対価値の追求は、競争に勝った時点で目的が達成されますが、絶対価値の追求は、終わることなくずっと続きます。2001年に高知県内でシェア1位を奪還しても、支店の誰も喜ばなかったのはそのためです。

相対価値の追求から、理念に基づく絶対価値への追求へと変わったことにより、直接の取引先である料飲店や量販店の位置づけも変わっていきました。

競合相手との競争に勝つことが目的であったときは、料飲店や量販店は重要な販売のチャンネルという位置づけでした。

これに対し、理念を掲げてからは、料飲店も量販店も絶対価値の追求に共感してくれる協力者になり、理念を実現するためのパートナーの位置づけになった。**関係性が、取引から共創へと変わった**のです。

競争に勝つという相対価値のベースにあるのは、自社の利益の確保という「利己の意識」ですが、理念の実現という絶対価値のベースにあるのは、自社の利益を考えるより前に、「高知の人びとに喜んでもらう」という、いわば、「利他の意識」です。利他を志向するからこそ、共感を得ることができる。

利他の追求は、利己の追求よりはるかに強い影響力をもつことを、高知支店の復活劇は物語っているのです。

第3章

部下の行動スタイルを変え、現場力を高める

——「やる気」を引き出す環境整備

第1章の理念に続いて、第2章で戦略が確立するまでの過程を、高知支店の経験をもとにお話ししてきました。さらにリーダーのあり方も示しました。

そこで第3章では、現場での実行力に焦点をあて、リーダーが行なうべきマネジメントのあり方と、社員たちに求められる働き方、思考と行動のあり方について考えてみたいと思います。

社員が自律して行動する組織は強いです。

理念、戦略が確立され、それを共有したチームや組織であれば、社員の実行力も必ず高められます。また、実行力が高まれば、理念や戦略がより強く意識されます。その結果、現場に漂う「やらされ感」を「やる気」に変えることが可能です。

現場の問題は現場が最もよく知っています。リーダーからの指示を待つのではなく、各自が顧客視点に立ち、**「すぐやる、何でもやる、できるまでやる」というスタイル**により、仕事の効率が上がり、生産性が高まっていきました。

やると決めたことは必ずやり切る風土をつくる

戦略・戦術はシンプルに、指示は簡潔明瞭に

メンバーの実行力を上げるために重要なのは、リーダーが戦略をどう示し、方針・指示をどう伝えるかです。

戦略・戦術はシンプルでないと、営業マンは動けません。さらにその先にいるお得意先は、この会社が何をしたいのかがわかりません。

一方、仕事というのは、やらないよりやったほうがいいことばかりです。だからシンプルにするのが難しいのであり、「現場で考え抜く」姿勢が求められるわけです。その姿勢を

維持しさえすれば、必ずあるときに道筋は見えてきます。

高知支店の壁に**「バカでもわかる単純明快」**と大書した紙が貼り出されていました。戦略・戦術やメッセージは、100人いたら、100人全員がすぐにわかるように、単純明快であることが必要ですが、それがなかなか難しく、つねに迷うからです。

次にその**方針とその意味するものを部下に簡潔明瞭に伝えること**です。

本社から下りてくる施策は、複雑で、難易度の高いものがしばしば含まれていました。現場の徹底度を上げるには、一人ひとりがやることが明確になっていること。すなわち、解釈の幅をもたせないことが大事です。

営業マンは、外回りだけで業務が終わるわけではありません。支店に帰ってきたら、注文書を書いたり、経費精算や販促資材の調達、上司への報告もしなければならない。複雑な仕事の処理を求めたところで、精神的にも体力的にも限界があります。シンプルに「これだけやればいい」と伝えることで、彼らはやる気をもって仕事に臨めます。

理解するのに多くのエネルギーを要する指示は、メンバーのやる気を損ないます。

一度指示を出したら、どんなことがあっても組織はやり遂げなければいけません。中途半端な実行で済ますと、「次からの指示は中途半端でよい」というメッセージに変わってしまいます。それだけに、指示は考え抜かれたものでなければならず、自信のない指示はしないか、先送りが正解です。

「結果のコミュニケーション」がマネジメントの軸

高知に着任して2年め、営業力もなく、何をしていいか、わからないころでした。

そのときに取り組んだのが、**「結果のコミュニケーション」**です。これは当時メンバーのあいだで生まれた〝高知支店用語〟のひとつです。

具体的には、まず、2、3にしぼった目標に対し、リーダーとメンバーとのあいだで合意を結び、1枚のシートに落とし込みます。そして、毎月、リーダーとメンバーがひざ詰めで「目標どおり行動したか」「できなかったとすれば、何が理由か」「次はこうすればいいのではないか」といった問答を互いに納得するまで突き詰めるのです。

その目標のひとつが、料飲店の訪問件数でした。

最初に、営業マン一人ひとりに、自分が目標とする訪問件数を自己申告してもらいました。その目標について責任をもつよう、直属の上司である営業部長とのあいだで合意を結ぶのです。

ところが、料飲店訪問を開始して、3カ月め、4カ月めに進捗状況を洗い出してみると、「合意」どおりなら達成していなければならない訪問件数に、まったく届いていませんでした。すぐに取り扱いが増えるという成果が出ないうえに、肉体的にも精神的にもハードだったため、店舗をあまり回らなくなっていたのです。

キリンの売上が急落しているなかでの「料飲店の訪問」でしたので、あえて売上高は問いませんでした。ただし、合意した訪問の目標数さえやり切っていない、これはダメです。「あれもこれも」ではなく、「何があってもこれだけはやる」と、リーダーとメンバーが一対一で合意した内容だったからです。

「家に帰ってはいけない」

わたしが営業マンたちを全員集めてこう述べたのは、1997年5月のことでした。

「みんなは、年頭に訪問の目標数を部長と合意したはずだ。『お得意さまを○件回る』と自分で言った以上、目標数に達していなかったら、家に帰ってはいけないんだ」

どの業界内でも、同業他社と似たような競争をしていますが、**競争力の差は、方針の徹底度の差、すなわち実行度の差によるものが大部分**です。当時、戦略も何もないときでしたが、決めたことは必ずやり切る文化が必要だと考えていました。そこで、たったひとつの指示がこれでした。

ひとつでもやったという実感がないと、負け戦《いくさ》のなかで、自分たちがあまりに惨めだという事情もありました。

もちろんメンバーは普通に帰宅していましたが、明らかに目の色が変わりました。

「この支店長は本気だと初めてわかった」

「あのときから、自分は変わった」

のちに元部下たちが当時を振り返って、そう語ってくれたように、この日を境に、営業マンたちの意識と行動が変わり、「目標とは必ずやり切るもの」「仕事とは責任が伴うもの」という風土形成の第一歩となりました。

知っているのと行動するのとは別の話ですが、「行動が習慣化する」第一歩でもありました。

それまでは、本社からの指示が多いときには月に20項目もあったため、一つひとつの結果について確認がされておらず、指示を下したままの、いわば〝垂れ流し〟状態でした。この「やりっぱなしの文化」が「やり切る文化」に変わったのと同時に、リーダーである営業部長も成長しました。メンバー以上にリーダーが現場を回っていないと、適切な話をメンバーとできず、「結果のコミュニケーション」が成り立たないからです。

この「結果のコミュニケーション」は当初、リーダーもメンバーも精神的につらいものでした。しかし1年半もたつと、「『結果のコミュニケーション』は不要になった。もうやめる」と当時、営業部長が宣言しました。

メンバーの基礎体力がつき、実行力が上がり、自分で課題を発見し、解決するようになったからです。

やるから「やる気」が出る

「当たり前のことを非凡なレベルまでやる」という言葉があります。

当たり前のことを徹底して継続していると、あるときに突き抜けて、見えなかったものが見え、できなかったことが急にできる瞬間が訪れます。

営業マンたちは本気で基本活動に取り組み始めるようになり、4カ月ほどたつと、**「身体が慣れた」**と言い出すようになり、基礎体力がついてきます。訪問する料飲店からも、次第によい反応が返ってくるようになり、具体的な成果が出始めました。

基本活動の徹底が高知支店の営業マンの行動スタイルとなり、そのなかから創意工夫が生まれ、得意先ごとに「最適な解」を見つけ、それを実行できるようになる。それをひたすら繰り返す。すると得意先から喜ばれ信頼されるようになる。活動が効率化される。成果が上がる。仕事が面白くなる……。

こうして、社員たちの「やる気」がどんどん引き出されていきました。
「ダメ元で、ともかくやってしまおう。そのうち何とかなるだろう」「理解しようとしないで、わからないまま突き進もう」という言葉が支店内で行き交っていました。

脳科学の分野でも、行動がやる気を引き出すという考え方が一般的になってきています。マスコミにもしばしば登場する池谷裕二《いけがやゆうじ》東京大学大学院教授（専門は神経科学）はこう述べています。

■身体は脳の支配下にあると思われがちだが、本当は逆で、身体が主導権を握っている
■モチベーションというものが存在するから行動できるという考え方は間違いで、行動するからモチベーションが発生する
■〝やる気が出たからやる〟のではなく、〝やるからやる気が出る〟

部下のモチベーションが低い場合、どうすればモチベーションを高められるかを考えるより、リーダーは基本の活動を定義し、**「愚直に地道に徹底的に」やり続けさせる**ことで

す。そして、それを丸投げするのではなく、「君のことを信頼している」「関心をもってよく見ている」というメッセージを送り続ける、「見守る」姿勢が大事です。

そしてメンバーが飽きだすころにフォローします。

基本活動の徹底には時間がかかりますから、そのための**「環境整備」**が必要です。いわばメンバーに舞台で自由に踊ってもらうための「舞台づくり」です。これはリーダーの仕事です。たとえば、営業マンの内勤業務を見直す、会議を減らす、日誌などの報告業務は簡略化する。

どこにムダがあるかは、現場がいちばんよく知っています。本社に着任したとき、4000人の部下に対してまっさきに、「お客さまにとって価値につながらない行動も予算も、すべてムダ。どこにムダがあるか、いちばん知っている自分たちで考え、削減しろ」という指示を出しました。

内勤部門の整理を行ない、捻出した人員を営業の現場強化に回すこともしました。考えられることはすべてやってみる姿勢をもつ必要があります。迷うときには、それまでやってきたことをいったんすべてやめてみて、支障が出たら元に戻せばいいのです。

部下には自分で考え、実行させる

自由裁量に任せたことで起きた「名古屋の奇跡」

元部下たちに会った際、「どうして心に火がついたのか」と聞いてみたところ、部下たちが3つの理由をあげた話を第2章で紹介しました。

第1に、リーダーがぶれなかったこと。
第2に、自分たちで考え、実行できたこと。
第3に、情報がすべてオープンだったこと。

第1については第2章でふれました。ふたつめの「自分たちで考え、実行できた」は、まさに実行力そのものにかかわります。

高知、四国、東海と、わたしの担当する市場の規模は拡大していきましたが、「理念・戦略・実行力」の方法論は一貫して変わりませんでした。

「理念・戦略・実行力」のうち、理念と戦略はリーダーの役割として部下に示さなければなりません。一方、**現場での実行力、すなわち、現場の戦略・戦術、具体的な動き方はメンバーたちに任せました。**

現場は個別に異なり、正解もばらばらです。正解がわかる現場に、考え、判断し、実行してもらうことにしました。

東海地区本部長時代の、名古屋での社員たちの取り組みを紹介しましょう。

わたしは高知支店と同じように「名古屋の人びとにおいしいキリンビールを飲んで喜んでいただき、幸せになってもらう」という理念を示しました。

そのために、「名古屋の料飲店で提供されるビールをすべてキリンビールにする」と言ったわけです。ここまでは、高知支店のケースと一緒です。

そこで、ひとつ条件を設けました。

「ただし、そのために特別な費用はかけない」

「名古屋の飲み屋のビールは全部キリンにしろ。金は使うな」ということです。これは実際には不可能なことです。しかし、あとは、営業マンに一任しました。

名古屋の営業部隊は、任されたところで「不可能な」目標ですから最初は無視していました。

ただ、理念からいえば、そうあるべきなのです。わたしは営業部隊と顔を合わすたびに、「名古屋の料飲店のビールはすべてキリンにしろ。ただし金は使うな」と、いわば理念だけを言い続けました。

すると、半年ぐらいして、営業部隊はあきらめ、「どうしようか」と相談し始めました。そして独自の工夫を考え始めたのです。お金に替わる価値の提案として、店舗物件紹介、業態・メニュー提案、人材紹介などさまざまな取り組みを始めました。

また、組織間の関係も強化されます。

当時、名古屋の営業部隊は、得意先の業態別に5チームに分かれて活動していました。本社の指示どおりに動いていたころは、各チームはそれぞれに与えられた目標を達成することだけが目的化し、横のつながりはまったくといっていいほどありませんでした。

一方、名古屋における理念では、「われわれの顧客」は名古屋の人たちのことです。営業部隊は5チームに分かれていても、名古屋のマーケットはひとつです。

ひとりのお客さまが、酒屋や大手居酒屋、街の料飲店、ホテルを利用します。それならば、とそれぞれのチームが情報交換しながら横の連携をとるようになります。

そうはいっても、大々的なミーティングを行なうわけではなく、**毎朝、出勤前に2、3分の立ち話で情報交換するくらい**です。それぞれの部内で、さまざまな工夫や方策が考えられ、実行に移されていきました。

社員による自主的な取り組みは、管理部門でも始まりました。

わたしは東海地区本部長に着任すると、本部内で行なわれていた会議を原則禁止にしました。

会議での議題といえば、なぜ業績が悪いのか、本社に報告するための要因分析や、場当たり的な改善策の検討ばかりで、いってみれば、「会社のお金と時間を使って、いいわけをする能力を習熟させる場」のようでした。

しかも、会議用の資料づくりのために多くの時間が割《さ》かれていました。

それは、**顧客にとっての価値になんら結びつきません。意味のない会議のコストを顧客に負担させるのは理念に反します。**

すると、社内でこれまでになかった変化が見られました。

企画部門の担当者は本社に報告をしなければなりません。従来だと、彼らは振り返りのための営業会議で情報を得ていました。ところが、会議が禁止されたため、直接、営業担当者のもとに足を運ぶようになりました。

企画部門と営業部門の情報交換が活発化することによって、企画部門は営業部門の考えや市場実態がわかるようになり、一方、営業部門は企画の考えや方針が理解できるようになります。地区本部がひとつのチームとして機能し始めました。

一方、管理のための会議を廃止する代わりに、毎週月曜日の朝に、「過去の説明は不要。

現状はどうなっていて、今週は何をやるか」という〝作戦会議〟を始めました。

すべての会議が悪いわけではありません。報告や追求など、「管理」するために使う時間がもったいないのであって、**勝つためにどうするかなど、生産的な「場」は積極的につくっていました。**

手持ちの情報はすべてオープンにせよ

部下の心に火をつけることができた最後の理由は、「情報がすべてオープンだったこと」です。メンバーに対して、情報をすべてオープンにすることには、ふたつの意味がありました。

ひとつは、直面する一つひとつの事柄について、つねに全体のなかで位置づけながら判断できるようになること。これとは逆に、ひとつの事柄から全体の流れを読むこともできるようになります。

つまり、リーダーとメンバーのもつ情報をそろえることにより、**全体感をもちながら、**

個別の事象を見て、「自分が何をすべきか」、最適で最善の判断ができるということです。

もうひとつは、**組織に対する帰属意識が高まることです。**

情報がオープンになっていることは、組織の一員としての責任感につながります。責任感が強くなれば、仕事に向かう姿勢も変わっていきます。「自分に何ができるか」を考えるようになり、こちらが何も指示しなくとも、自発的に行動します。自ら進んで取り組むことは苦になりません。むしろ仕事が楽しくなります。こうして現場の生産性はどんどん高まっていったのです。

リーダーも、メンバーも、情報はすべてオープンにすべきであるという考え方は、わたしが若いころに労務の仕事をしていたころの風土であった**「平等の原則」**でした。

社長も、管理職も、第一線の社員も、契約社員も役割が違うだけであって、各々が自分の役割を100%まっとうするという点では皆平等である。

だから、社長であろうと、第一線の社員であろうと、自分の考えを率直に話す義務があり、そこで出た結論に対し一人ひとりが主体的に関わる。

図表11　「平等の原則」

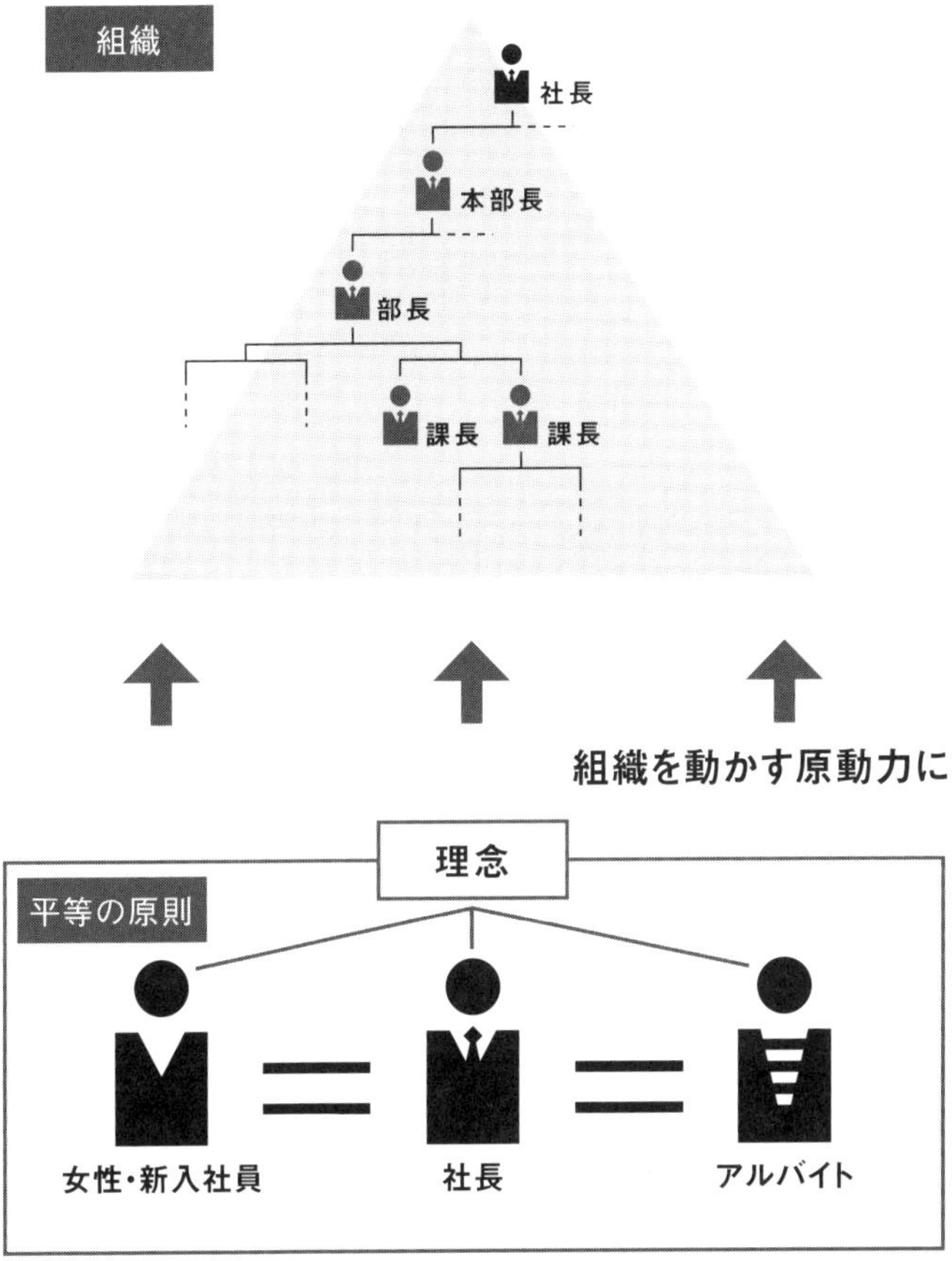

理念の下では皆平等

→ 全員が自由に発言し、決定事項に対し、主体的に取り組む責任があるこれが平等の原則です。その前提は、もっている情報量を全員同じにするということです。意見の対立は、もっている情報量の相違から起こることが多いのです。

情報はすべてメンバーにオープンにしていたので、「いま本社とのあいだでこのような意見の違いがあり、それをこうして乗り越えようとしている」といった考えをメンバーも知っており、リーダーへの信頼につながったのかもしれません。

理念の下では全員が平等。したがって、言うべきは言うという風土がつくられていきます。

今日やる仕事の意味を伝える

キリンもそうでしたが、普通の会社は企業理念と「今日やる仕事」は切り離されているものです。これをつなげなければなりません。つまり、**理念と戦略、そして今日やる仕事をつなぐ「縦軸」をつくる**ということです。

そこで、それぞれのメンバーがいま進めている仕事は、理念や戦略に照らし合わせて、どのような意味合いをもつかを伝えるため、毎週月曜日にA4で1枚ないし2枚分のメールを発信し続けました。これにより、理念および戦略と、現場の今日の仕事が1本の軸で結ばれていきました。

このメールを送るために、メンバーの日報には、必ず目を通すようにしていました。**メールにそうした現場の生の情報を入れ込むことで、メンバーは「理念を実現するとはこういうことなのか」と具体的にわかります。**メンバーにとっては、現場での自分の取り組みが、全員に通達されるかたちで紹介されるのは、うれしいものです。

メールを毎週書くのはストレスになりますが、**コミュニケーションは「組織の血液」**です。つねに血液を送り込む作業はリーダーの役割です。

繰り返し伝えることの重要性

毎週月曜日、メンバー全員に欠かさずメールを送り続けたのは、「繰り返し言い続ける」

ことにより、メンバーの行動が変わるからです。

人間は、自分の経験していないことはわからないものなのです。何かを言われると、言われたことをそれまでの自分の経験で解釈して、理解しようとします。だから経験していないことはわからないので、自分の経験で理解できる範囲だけで理解する。そのうえ、自分の都合のいいように解釈してしまい、都合の悪いことはなるべく考えないようにするのも人間の特徴です。

それを、許せないことと捉えるのではなく、そもそもそれが普通だと考えたほうがいいのではないか。メンバーと接するなかでそう気がつきました。

一方、先ほど名古屋の営業部隊の例で述べたように、**何度も言われていると、徐々にわかった気になる**。これも人間です。

なぜ徐々にその気になるのでしょうか。何の根拠もありませんが、どうも人間は、体全体の細胞で情報を受け止めて、体内のネットワークで頭などに伝達しているように思えます。

名古屋の営業部隊のなかで、驚異的な訪問量を続けていたあるメンバーは「得意先の顔色ひとつで何を考えているか、先週ライバル社の訪問があったかどうかまで身体でわかった」と言っていました。

ともかく、メンバーたちに対しては「しつこさでは負けない。メンバーたちとの我慢比べに勝つ」という気持ちで、伝え続けました。

もしかすると、ほかのことを言わず、ひとつのことだけを言い続けたので、「このリーダーは本気だ」というメッセージとして、彼らが受けとったのかもしれません。

日々更新される現場のノウハウ

高知支店で日常的に見られていたシーンです。

朝に夕に支店メンバーのあいだで、「本社のキャンペーンがお客さまに伝わらない。どうすればいいだろう」「こうすれば、お客さまの目に触れるのではないか？」といった会話が繰り広げられていました。そこから営業の工夫やアイデアが次々と生まれました。

「高知支店には売るためのノウハウがない」と言われたのは、このように、いわばノウハウが日々更新されていたからです。そして、「このアイデアはいけそう」となれば、全員が徹底して実行する。理念に向かい、自分たちでやれることはすべてやる。これが高知支店の本質でした。

ノウハウではなく、この行動スタイルこそが、現場の実行力を上げ続けたのです。

高知支店の全員が、理念を共有しながら、互いに共振・共感・共鳴していました。

本社主導の「プロセスによるマネジメント」から、「ビジョンによるマネジメント」へと転換したことで、以前は売る力のなかった落ちこぼれ集団が、まったく別の集団へと変わっていきました。

こうして100戦100勝の「戦う集団」がつくられていきました。

第3章

大切なポイント

□ 理念と方針を示したら、具体的な戦い方は第一線の社員たちに考えさせる。リーダー自身は、社員たちが思う存分動けるよう、環境整備をする。

□ 全員が同じ情報を共有することにより、現場は一体感をもちながら、個別の事象を見て、「自分が何をすべきか」の判断ができる。そのためにリーダーは情報をすべてオープンにする。

□ 結果報告や原因追及など過去のために使う時間を減らして、新しい価値を創出するような生産的な「場」を積極的につくる。

第3章
解説

知識創造理論による読み解き

勝見明

1 凡事の非凡化

高知支店の社員たちが、実行力を高め、ついにはV字回復を達成したプロセスを読み解くと、凡事の積み重ねが非凡を生むという**「凡事の非凡化」**が浮かび上がります。

高知支店では、料飲店や量販店の協力を得るという、間接戦略による知的機動戦に打って出ました。

その際、問われたのは、営業マン一人ひとりが料飲店や量販店の店長やスタッフと向き合いながら、信頼関係を築くために、いかにして価値を提供できるかという実践的な知恵、すなわち、「実践知」でした。

相手と対話しながら、自社の利益の確保を考えるより前に、「自分たちはなんのために仕事をしているのか」「どうありたいのか」「何がよいことなのか」と理念を自らに問う。すると、相手との関係性のなかで、その都度、最適最善と思われる解が浮かび上がります。

このように、**善悪の価値基準をしっかりともち、個別具体の文脈や関係性のなかで、その都度、最適最善の判断をくだし、実践することができる**。それが**実践知**です。

その最適最善と思われる解が、営業マンにとって、その都度、めざすべき目的となり、その目的を実現するにはどんな手段があるかを自分で考え、行動を起こす。

そこにあるのは「目的→手段→行動」の実践的三段論法です。

営業マン一人ひとりが料飲店や量販店の店長やスタッフと向き合いながら、その都度、導きだす最適最善の解は、けっして大きなことではなく、それ自体は凡事、すなわち、双方にとって、ある意味、「当たり前のこと」をやっているのかもしれません。

ただ、**凡事が蓄積していくと、あるとき、凡事が非凡化していきます**。

それぞれの営業マンが日々直面する個別具体の現実は、けっして固定的ではなく、流動的でつねに変化します。料飲店や量販店のそのときの経営状況、その向こうにいるエンドユーザーのちょっとしたニーズの動き、競合相手の攻勢など、変化を起こす要因はさまざまでしょう。

ただ、日々の凡事を積み重ねていなければ、変化への気づきは得られません。

変化が一回性の出来事であっても、凡事の蓄積があるからこそ、その背後にある文脈や関係性を見抜くことができます。さらに部分と全体をキャッチボールしながら、本質的に何が大切なのかを読み取って、新しい価値を相手に提供していくことができるようになり、凡事が非凡化する。

高知支店では、社員一人ひとりが、実践知を発揮し、凡事を非凡化させながら、V字回復を実現していったのです。

2 リーダーは「場」づくりの能力をもたなければならない

ここで、田村氏からメンバーに向けて、電子メールを通じてメッセージを発信し続けた意味を考えてみましょう。

知識創造理論には、「賢慮=フロネシス」と呼ばれるリーダーシップの概念があると、第1章で紹介しました。この賢慮のリーダーシップ、もしくは、実践知のリーダーシップに求められる6つの能力は次のようなものでした。

①「何がよいことなのか」という判断基準をもち、「よい目的」をつくることができる
②ありのままの現実と向き合いながら本質を直観できる
③「場」をタイムリーにつくることができる
④直観した本質を概念化し、物語として伝えることができる
⑤その概念を実現するためにあらゆる手段を駆使できるような政治力をもつ
⑥実践知を部下たちのなかで育成し、組織に埋め込むことができる

このなかの3番めにあげられている「場」という概念を、知識創造理論では非常に重視します。

人と人がある時空間において、互いに関係性を共有すると「場」が生まれます。

「場」において、対話を通して真摯《しんし》に向き合えば、言葉の背後にある互いの暗黙知が共有されます。

また、「場」において、対話を通して互いの思い（暗黙知）を共有していくなかで、「あ、

そうだ」と何かが直観され、いろいろなものごとが結びついて新しい概念やアイデアが生まれることがあります。

その新しい概念やアイデアが具現化され、成果に結びつくと、それが経験知として取り込まれることで、暗黙知がより豊かになり、次の新しい知を生む源泉となる。

このように暗黙知と形式知が相互に変換することで、知識は創造されていくと知識創造理論では考えるのです。

その概念やアイデアがかつてないほど斬新であれば、そこからイノベーションが芽生えていきます。

オフィスでメンバーとメンバーがフェイス・トゥ・フェイスで向き合うミーティングなどは、典型的な「場」です。

ただ、必ずしもミーティングのような形式にこだわる必要はありません。名古屋の営業部隊が毎朝、短い時間でも立ち話で情報交換を行なったのも、自分たちで考え、実行していくことが求められるなかで、チーム間の壁を乗り越え、自発的な「場」が生まれていったことを意味します。

また、物理的な時空間である必要はありません。プロジェクト・チームのようなつながりもひとつの「場」であるとされます。

電子メールやSNS（ソーシャル・ネットワーク・サービス）なども、バーチャルな「場」を生み出すことができるとされています。

その意味で、毎週月曜日に社員に向けて発信し続けた電子メールも、たんに情報の発信にとどまらず、文章の行間ににじみ出る思いや、毎週欠かさず発信するリーダーの熱意を伝えるため、メンバーとのあいだにつねに「場」をつくる試みであったといえます。

リーダーは現場での実行を第一線に立つメンバーたちの自由裁量に任せたら、メンバーたちとのあいだに「場」をつくることで、自らが明示した理念および戦略と現場での実行を縦の軸で結びつけていく。

組織を率いるリーダーには、つねに「場」づくりの能力が求められるのです。

第4章

本社を味方につけ、活用する

——上司と「うまくやっていく」ための秘訣

ここまで読み進めて、ある疑問を抱かれた方もいるかもしれません。

高知支店長に着任したころ、本社からは、多いときには月に20項目もの指示が下りてきていました。では、理念をかかげてから、本社や上司からの指示にどう対処したのかと。

たしかに最初は、本社による中央集権の官僚統制と、顧客起点の地域密着型現場主義の対立構図が生まれました。

ところが、心の置き場が本社からお客さまに変わったことで、本社の視点で顧客を見るのではなく、顧客の視点から本社を見るようになりました。すると、本社の役割もそれまでとは変わって見えてきたのです。ある意味、**本社もお客さまなのではないか**、と。それにより、本社との関係性も劇的に変わりました。

本章では、現場の組織を率いるミドルリーダーとして、本社に対して、どのように向き合い、どのように下から影響力を及ぼしていくか、いわば、**〝本社に対するリーダーシップ〟**のあり方についてお話ししたいと思います。

本社組織をもたない方は、本社を上司や上層部に置き換えてお読みください。

顧客の価値に結びつかない仕事はしない

本社の指示を「したがうもの」から「活用するもの」に変える

序章で述べたとおり、組織とは、上からの指示を実行することで成り立つものです。指示を受ける側も、本社の指示どおりに動いたほうが、自分で考えなくてすむのでラクです。それでうまくいかなくても、本社のせいにできるので、社内的にも安全です。

一方、本社の指示と異なることをやって失敗することは、組織的には許されません。

では、どうすれば、現場が本社とうまくやっていくことができるのでしょうか。

そこで、わたしは、本社からの指示を次のように分けることにしました。

① **棚上げする**
② **受け流す**
③ **徹底してやる**

「棚上げする」とは、言い換えれば「無視する」ことです。

それほど多くはありませんでしたが、本社からの指示であっても、顧客にとっての価値に明らかに反することは無視する。そのように、部下たちには伝えていました。

当然、本社から示された目標値には届かないので、上司からは「結果が出ていない」と指摘を受けることもあります。そのときは「申し訳ありません。なるべく早く取り組みます」「頑張ります」などと真剣な口調で言いながら、時の経過を待ちました。

「受け流す」とは、要するに「適当にやっておく」ことです。

取引先の問屋や酒販店、量販店などに、本社から指示された施策を一応は流しておく。それ以上は力を入れては取り組まない。

もちろんサボっているわけではありません。顧客視点に立った場合、本社の指示は最優先事項にならない、というだけです。

重視したのは、「徹底してやる」でした。

本社は、新商品発売や各種キャンペーンの実施など、大きなリソースをもっています。大事なのはそれをどう現場で使うかです。

ひとつ例を挙げます。

1998年にキリンから発売されて大ヒットした発泡酒『淡麗』のシリーズに、2002年に『淡麗グリーンラベル』という商品が売り出されました。

本社は、エコロジーや環境への関心が高まっていたことから、緑を基調にした缶のデザインを活かし、「自然派の発泡酒」としてキャンペーンを張りました。

しかし、高知県は森林面積の割合が約83%と日本一高く、自然だらけです。都会の人びとにとっては「自然派の発泡酒」は意味があっても、高知の人たちには価値になりません。

一方、高知県民は男女を問わず、お酒をよく飲みます。その分、健康に気を遣っている人も多くいました。

そこで、わたしの後任の二畑《ふたばたけ》泰三《たいぞう》支店長のとき、グリーンラベルを高知の人たちの価値に置き換え、「糖質70％オフ」を前面に打ち出すキャンペーンを展開したのです。この価値を高知の人全員に伝え、喜んでもらおうという意気込みです。

その結果、高知支店は淡麗グリーンラベルの一人当たりの売上が全国平均の2倍に、もちろん断トツで全社1位です。

理念をかかげ、心の置き場が本社からお客さまに変わると、本社が指示する施策は顧客にとってどんな価値があるかなど、**顧客を起点にした「翻訳」が可能になります**。すると「武器として使える」と思った施策は積極活用するという視点をもつことができます。

本社や上司への報告を怠らない

先述のとおり、わたしは、平等の原則に基づき、メンバーにはあらゆる情報をオープンにしていました。

組織におけるトラブルや軋轢《あつれき》の多くは、情報のギャップから生まれていました。なので、それぞれがもつ情報量をそろえると、組織は円滑に動きます。

同じことは本社との関係においてもあてはまりました。

本社が現場を知らないのは当然です。わたしは本社との情報ギャップを埋めるため、本社やひとつ上の上司（高知支店であれば四国地区本部長）に対しては、ときどきA4で1枚のレポートを書いて送っていました。

内容は、現場の事実とそれを踏まえた考えとその理由を簡潔にまとめたもの。ほかにも「現場が抱えるこの課題に対し、こんな挑戦をさせてもらいたい」「それは全社にとってこのような意味がある」といった要望を書いて送る習慣を続けていました。

組織のなかには、どうしても意見が合わない上司もいるでしょう。そういう相手にこそ、しつこいほど細かく報告をしたほうがよいようです。私利私欲ではなく、本気でお客さまのことを考えてやっていれば、熱意が伝わりやすくなります。

「上司はわかっていない」とどうしても愚痴をこぼしたくなります。しかし、**上司より大切なのはお客さま**ですから。

上司にわかってもらうのが仕事となります。

「共感」を生む力がすべてを決定する

共感の量を増やす

テレビで、2018年の平昌《ピョンチャン》冬季オリンピックの日本人メダリストが記者会見をしていました。異口同音に、応援してくれた人、支えてくれた人への「感謝」の言葉を口にしていたのが印象的でした。

「だから頑張れた」。その**感謝の量**がただものではないように感じられました。

銅メダルを獲得したLS北見のカーリング女子チームは、試合に負けると、応援に駆けつけた地元の人たちが「自分たちの応援が足りなかったからだ」と頭を下げるという話を聞いたことがあります。

これは北見の人たちが、地元で頑張る選手に共感をして、それに選手が応えようとして、潜在能力が最大限まで発揮された結果、今回の快挙につながったのだと思いました。

ここに、日本人がもつほんとうの強さがあるのではないでしょうか。

これはアスリートだけではなく、普通のビジネスパーソンにも通ずると思いながら、テレビを観ていました。


高知支店時代以降の活動は、「お客さまからの共感の量を増やす」活動だったのです。

お客さまのことを考えて仕事をしていると、社外で応援者が必ず増えていきます。お客さまに共感が生まれていったのです。それに応えようと、メンバーたちはさらに仕事に集中していきます。それと同時に支店内で仲間への共感が生まれてきました。互いにリスペクトするようになったのです。

こうして強いチームができあがっていきました。


米グーグル（Google）が２０１２年に着手した生産性向上計画**「プロジェクト・アリス**

トテレス（Project Aristotle）」が世界でも注目されています。

数百のチームがあるとされるグーグル社内で、似たような能力の社員が働くのに、なぜチームによって生産性に差異があるのかという疑問からはじまり、成功するチームは何をやっても成功するし、失敗するチームは何をやっても失敗する、その差異はどこからくるのか、を明らかにしたのです。

成功し続けるチームの共通点として浮かび上がったのは、チーム内での共感や配慮、心遣いといったメンタルな要素の重要性（「心理的安全性＝Psychological Safety」）でした。

この心理的安全性は、「共感」に近い概念です。**結局、「共感」を生む力がすべてを決定するのです。**

私たちの経験で申し上げると、まず、外部からの共感を創り出す。ここに集中します。すると、その過程でチームメンバー間に共感が醸成されていきます。**そして徐々に共感が支店を越えて社内にも広がっていきました。**

本社からのサポート

きちんと上に報告し、顧客視点に立った仕事を続けていると、救いの手を差し伸べてくれる人が必ず現れます。本社のなかにも、われわれの現場での取り組みに共感してくれる応援団が徐々に増えていきました。

それは、高知支店の取り組みが、支店の利益という利己的な目的ではなく、県民の喜びを目的としていることへの共感だったからだと思います。

もしこれが、たんに自分の支店の成績をよくするためだけに行なわれていたものだったら、社内では、「全国47都道府県に支社支店があるのに、なぜ高知にだけ協力しなければならないのか」という不満の声が上がったことでしょう。

地方の一支店長の職務上の権限は限られており、本社や上層部に対し、本来であれば、さほど大きな影響力を及ぼすことはできません。

しかし、お客さまに喜んでもらうための取り組みであり、結果として業績も伸びている支店なら、見捨てることはできない、協力しようと思う人たちが本社のなかにも出てきます。これはほんとうに大きな力になりました。

お客さまの満足を追求し続けることにより、ずっと実績を上げ続けることができたのは、本社や四国地区本部からの応援があったからなのです。なかには、社内リスクをとってまで支援してくれる方たちもいて、いまでもその方たちに感謝の念を忘れることはありません。

共感は権限を超える。支店長でも全社を動かすことはできる。

ここにも理念によるマネジメントの強さがありました。

第4章

大切なポイント

□ 理念の実現に向け行動することで、心の置き場が、本社からお客さまに変わる。すると、お客さまの視点で本社を見て、本社の指示をどう「活用」できるか考えるようになる。

□ 本社との情報ギャップを埋めるのは、現場の仕事。本社や上司に対して、現場の考えや自分たちの思いを頻繁に伝えてみる。

□ 利己的な目的ではなく、利他を目的に行動する。すると、共感の量が増えて、社内でも応援しようという人が増えてくる。

第4章
解説

知識創造理論による読み解き

勝見明

1 ミドルリーダーの役割は「ミドル・アップダウン」にある

ミドルリーダーが、自らが率いる部隊だけでなく、組織の上層部に対しても影響力を及ぼしていくことを、知識創造理論では**「ミドル・アップダウン」**と呼びます。

組織におけるマネジメントのあり方には、一般的にトップダウンとボトムアップがあります。

これに対し、知識創造理論ではミドルの役割をとくに重要視し、トップダウンでも、ボトムアップでもない第3の方法として、ミドル・アップダウンのあり方を提起しているのです。

部や課、チームやタスクフォース、支店や支社のリーダーを務めるミドルリーダーやミドルマネジャーが、トップ（もしくは本社）とフロント（第一線社員）の結節点に立ち、トッ

図表12　強い企業文化：ミドル・アップダウン
―現場に近い職位で時代に即応する―

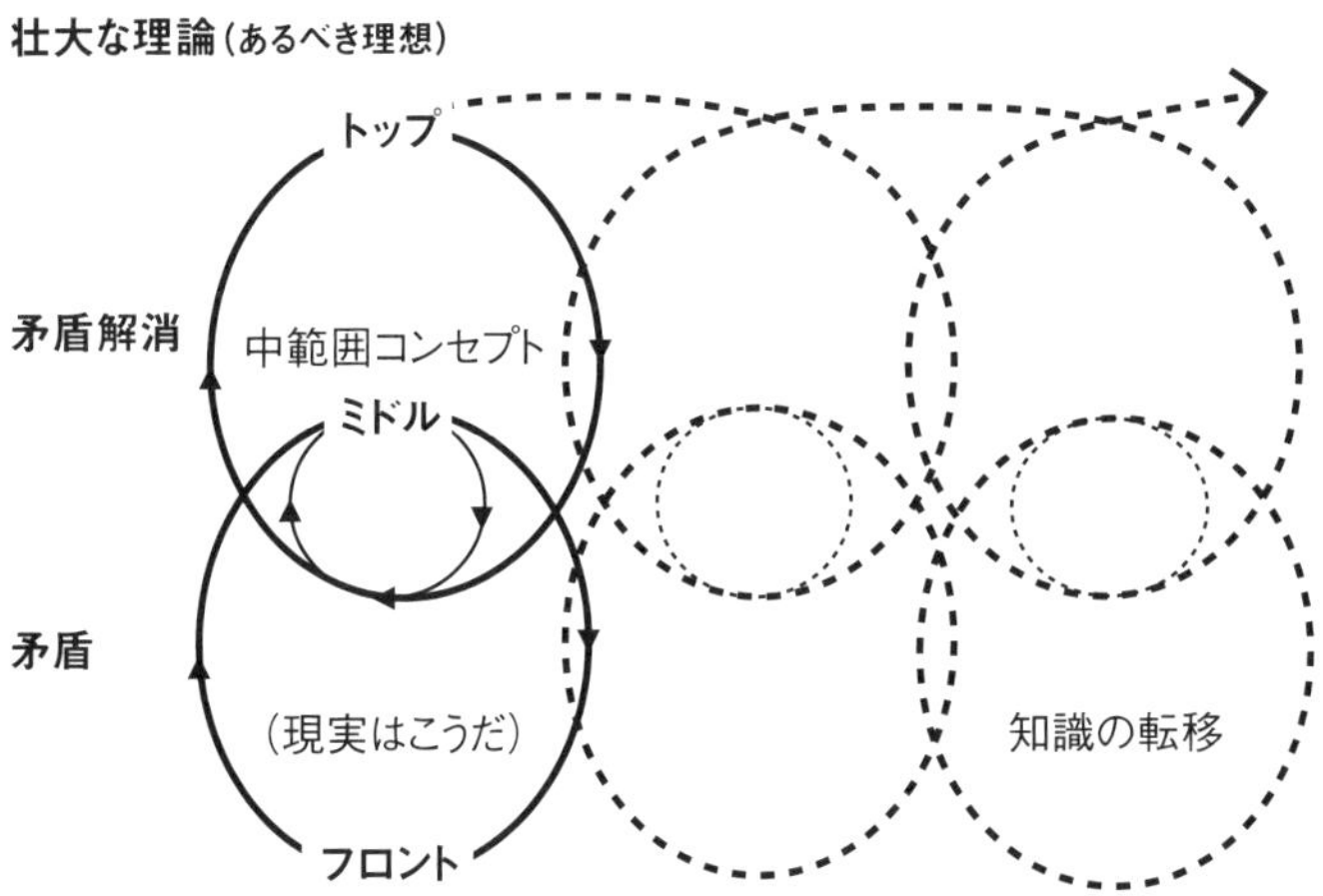

出典：Ikujiro Nonaka, Ayano Hirose, and Yusaku Takeda (2016) 'Meso'-Foundations of Dynamic Capabilities: Team-Level Synthesis and Distributed Leadership as the Source of Dynamic Creativity", Global Strategy Journal 6(3):168-182

プとフロントを巻き込み、リーダーシップを発揮して組織を動かしていく。

ミドルこそが企業経営や企業変革においてダイナミックな役割を担うべきであると、ミドルリーダーをマネジメントの中心に位置づける考え方です。

なぜ、ミドルの役割が重要なのか。知識創造理論では次のように説明されます。

トップはビジョンや方向性を示しますが、フロントはどうしても日常的な現実世界に目を奪われ、視野や考え方が硬直しがちです。

そこで、ミドルがトップのめざすビジョンと現実世界のあいだの矛盾を統合できるようなコンセプトをつくり出し、〝伝道師〟のような役割を演じて組織をうまく回転させ、ビジネスを推進していったり、新しいビジネスモデルを紡ぎ出したりする。

この**ミドル・アップダウン・マネジメントは、とりわけ日本企業の得意技**であるとされます。高知支店がV字回復を実現できたのは、ミドル・アップダウン・マネジメントを実践できたことも大きく寄与しているのです。

もっとも、高知支店の復活劇において見られたミドル・アップダウンは、逆の構図でした。

アサヒの攻勢に押され、守勢に転じてからは、本社から下りてくる方針や施策は、現場の直面する現実とずれが生じるようになり、なかなか成果に結びつかなくなった。つまり、本社のほうが市場に対する視野や考え方が硬直していた。

そこで、高知支店では独自の理念に基づく経営を現場で展開し、同時に、本社に対しては、現場の現実に即した正しい方針、正しい施策を行なってもらうよう要請した。

このように、ミドルリーダーが組織の上方に向かって、強い影響力を発揮するには、賢慮のリーダーシップの6つの条件のなかのある能力が重要になってきます。

それは、**「政治力」もしくは「政治的判断力」**です。

2 リーダーには理念の実現のために「政治力」も必要

賢慮のリーダーシップ（実践知のリーダーシップ）に求められる6つの条件のうち、5番めの能力は次のようなものでした。

現場で直観した本質を概念化したら、**「その概念を実現するためにあらゆる手段を駆使できるような政治力をもつ」**。

この政治力もしくは政治的判断力について、知識創造理論では次のように説明されます。

リーダーは、理想の実現のためには、的確かつ柔軟にあらゆる手段を駆使して、現実に対応できなければならない。ときには清濁《せいだく》あわせ呑む政治力を発揮し、手練手管も駆使しなければならない、と。

高知支店がかかげた理念は、ひとつの理想でした。

しかし、本社の指示どおり動いていては、理想に近づけないときには、指示どおりではなく、翻訳して武器として活用するといった柔軟な対応をする。ときには指示を「無視する」「受け流す」といった手練手管も使う。

また、本社の方針が間違っていると判断したら、支店長であっても、共感してくれる本社内の応援団の力を借りて、本社を動かし、方針を変えてもらうといった政治力を発揮する。

理想を追求する理想主義だけでは、理想は実現できません。

理想主義と対極にあるのは、プラグマティズム（実際主義）、あるいは、リアリズム（現実主義）です。

そのバランスを巧みに操る理想主義的プラグマティズムや理想主義的リアリズムこそが、真の実現力をもったリーダーの姿なのです。

終　　章

根本が確立されると うまくいく

―― ひたすら本質へ向かえ!

「理念・戦略・実行力」の相互関係

終章では第Ⅰ部のまとめとして、第1章から第3章で述べた「理念・戦略・実行力」の関係について説明したいと思います。これまでお読みいただいて、この3つの要素は独立したものではなく、相互に関係していることが推測できると思います。

この3要素をひとつの概念として、つまり理念も、行動原理も、戦略・戦術と一体のものと捉えること。その根本が確立されると、自ずと道はひらけます。日々生じる現象に目を奪われ、振り回されることがなくなります。

これが100戦100勝の「戦う集団」に変える方法です。

まず**「実行力」と「理念」**の関係です。

実行力が高まると、お客さまをよく回り、相手の立場に立って行動できるようになります。すると、「ここまでやってくれるのか。ここまで来てくれるのか」、とお客さまは喜び

図表13　「理念・戦略・実行力」の相関関係

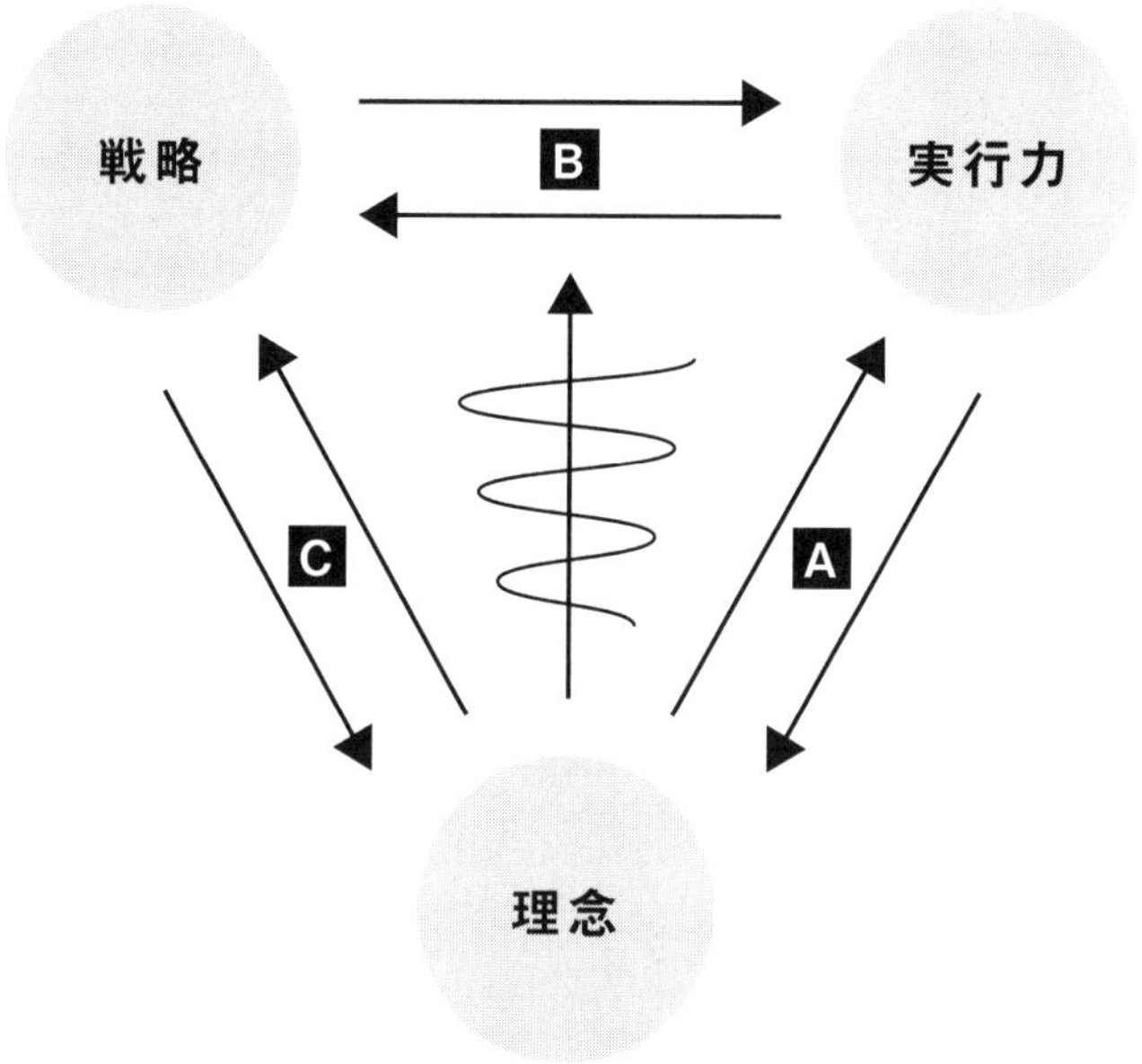

3つの要素が相互に関係し合い、
顧客満足度と生産性が上昇し続ける

ます。そのお客さまを見て、営業マンは自分たちの使命は、たんに数字を上げることではなく、「もっと広く、もっとたくさん喜んでもらうことだ」と思います。感謝の気持ちも湧いてきます。その思いが現場の実行力をさらに高めます。現場が強化されることにより、理念がより強く意識され、理念が強化されると、さらに実行力が上がるという関係です（図表13A）。

つぎに「実行力」と「戦略」の関係です。

実行力が上がると、お客さまや市場への理解が進みます。そうすると戦略、戦術、施策のレベルが上がります。そうしたプランのレベルが上がるほど営業マンのやる気は高まり、「実行力」が上がるという関係です。質の低いプランでは、やる気が起こらず、実行力は上がらないのです（図表13B）。

そして**「理念」と「戦略」の関係です。**

戦略・戦術の質が高まると、「この会社は、自分のことを本当に理解してくれている。ありがとう」とお客さまが喜んでくれます。こうしたお客さまを見て、「それならば、もっといい提案をしてお客さまに喜んでもらおう」と思い、理念が強化されます。それが、よりよいやり方を考え続ける原動力となり、戦略・戦術の質が上がっていきます。

このようにして「理念・戦略・実行力」の3要素が、相互作用しながらスパイラルで上がっていきました。

これによって得られたものは、**「高い顧客満足度」と「生産性向上」**です。当然のことですが、実行力が高まり、戦略や戦術の質が高まると、すべての企業活動が効率化されます。もちろんコストは下がっていきます。継続した生産性向上がもたらされるのです。

ここで重要なのは、**「顧客満足度」と「生産性」という二律背反の両者を両立させること**です。

顧客満足度だけを追求するといっても、ひたすらお金をかければいいかというと、そうはいきません。ビール業界の場合、お客さまの要望を聞くと、安売り、景品付き、広告大量投入となってしまい、どうしていいかわからなくなってしまいます。顧客満足を追求しつつ、一方、ムダなコストと活動は徹底して省いていく。

そうすることで、継続的な顧客満足度の追求が実現されます。

そもそも仕事とは、二律背反を克服することです。トップを奪回した最後の本社での4年間では、費用（営業拡売費と広告費）が3割削減されました。わたしはその4年間、毎年、**「最小のコストで、最大の顧客満足の追求」**をプランの表紙に掲げていました。

真の働き方改革とは

政府主導の働き方改革がめざすのも、社員一人ひとりの労働生産性（一人当たりが生む付加価値）の向上ですが、残業時間を制限したら自動的に、生産性の向上に結びつくということではありません。

ではどうすればよいか。

先ほど申し上げたように、顧客満足と生産性をひとつの概念として捉え、同時に高めていくこと。それには、**「理念・戦略・実行力」の3要素をスパイラルアップさせていくこと。そのためには、現場の強化と、現場の羅針盤・活力源となる理念が必要**ということです。

最近よく議論されている女性の活用やダイバーシティの問題もここに含まれます。

理念に照らした「あるべき状態」と現実のあいだには途方もない大きなギャップがあるはずです。そのギャップを埋めるためには、どうしても**非連続的な成長**が求められます。

その構想や戦略をつくるには、「金太郎飴」のような人材ではダメで、多様な経験や文化、価値観が必要とされるはずです。女性だろうと外国人であろうと自社がもつ人的資源を総動員しないと、そのギャップは埋まりません。

そこには、「平等の原則」すなわち、**「理念のもとには全員平等である」**という組織文化が必要だと思います。

職位、年齢、性別、雇用形態、国籍の差は、理念のもとでは意味がなくなり、一人ひとりの自由度が高まり、より個性的になっていきます。

理念を追求しようとする組織は、意識が外に向かって開かれていきます。そこでは、近年、話題になることが多いセクハラやパワハラなどは起きようがありません。また、「言うべきは言う」風土は企業不祥事を起こす基盤を喪失させます。逆に閉ざされた組織のなかではさまざまな問題が起きやすいのです。

また、日本企業はＩＴやＡＩ革命に乗り遅れたといわれていますが、その理由も同じです。途方もない大きなギャップが存在している、と認識していれば、必死にＡＩやＩＴを研究して、自分のものにして、それを戦略につなげ、非連続的な成長を遂げ、理念を実現するというスタンスに立たざるをえないはずです。人間をたんにＩＴ、ＡＩに置き換えるだけでは、ダメなのです。

つまり、**理念と、その理念が実現される定義**がきわめて大事なことがわかります。

昔の仲間たちと一緒に会ったときのことです。県内シェアを60％まで伸ばした、わたしの2代あとの高知支店長の宮本典晃さんに、「残業時間を減らすにはどうしたらいいと思うか」とたずねてみると、まったく予想外の、こんな答えが返ってきました。

「1年365日、1日24時間、働くことですよ」

その場にいた一同がびっくりして、そのあと大笑いしましたが、たしかにそれなら残業が減る、と全員納得してしまいました。

もちろん、1日24時間、寝ずに働くわけではありません。頭のどこかに仕事のことを置いておくという意味なのでしょう。

人間誰しも仕事で抱えている課題について頭のどこかに置いておきさえすれば、ある瞬間にひらめくときがある。そういう時間を送っていれば、仕事はいくらでも効率化されるというわけです。

もうひとつの理由は、「最初は大変でも、軌道に乗ってしまえばラクになる」ということがあります。知恵や工夫も出てきます。得意先との関係が良好なものになれば、いままで何度も足を運ばなければならなかった仕事が、極端にいえば、電話1本で済んでしまう。労働時間などいくらでも減らせるというのが、そのときの全員の意見でした。

最近、ワークライフバランスという言葉もよく耳にします。じつは、**「仕事の質が高まると、仕事以外の生活の質も高まる」**という人たちをたくさん目にしました。高知のメンバーはほんとうによく遊んでいましたし、恋愛もしていました（本気でやると仕事が楽しくなり、全身の細胞の働きが活発になるのでしょうか）。

仕事の質が高まると、あまり時間に拘束されず、**「仕事は必要なときにちゃんとやればいい」**、そう考えるようになります。「お客さまへの責任は自分が果たす」という覚悟が生じたからだと思います。たとえば、朝、子どもと潮干狩りに行ってから出社するようなシーンも、高知支店では自然に見られました。

仕事を通じて「人間の質」が高まる。それにより、高いレベルで仕事と生活が調和される。これが実態としてありました。

「元の木阿弥」を防ぐ処方箋

「まえがき」に、わたしの話を聞いても「元の木阿弥」になる人の話をしました。この処《しょ》方箋《ほうせん》を、第I部の締めとして述べたいと思います。

具体的にはふたつの問題がある気がします。

ひとつめの問題とは、「基本の徹底」と幾度となく述べてきましたが、そもそもこの**基本活動が定義されていない会社が少なくない**ということです。営業部門だったら、「得意先をよく訪問すること」という会社が多いようです。「愚直に地道に徹底する」という仕事の基本を定義するのはそう難しくない気がします。

ちなみにある出版社の編集者にたずねると、「1日ひとつ、必ず新しい本の企画を提出することが、自分の基本活動だった」と答えていました。最初はつらくて仕方がなかったそうですが、いまの自分があるのはこの基本活動のおかげだ、と話していました。

問題はふたつめです。**企業理念が戦略に落とし込まれていない**、という問題です。だから理念と今日の仕事が切り離され、理念が浸透しないわけです。これについては、以下に成功事例をご紹介しますので、参考にしていただけたらと思います。

① 宮本氏の事例

ひとつめの事例は、先述の元高知支店長の宮本典晃さんから教えてもらいました。宮本さんは、現在、高知県内の企業や町・村おこしの手伝いをしており、そこで実践している方法です。

まず、リーダーだけを集め、たとえば「『お客さまのために』という**理念が実現した状態とは、具体的にどういう状態なのか**」を議論します。

その際、必ず全員に発言してもらいます。「安売りすること」「お客さまをおだてること」など、初めはリーダーによって解釈はバラバラだったそうですが、2時間も話すと、極端な意見は排除されていき、リーダー間で考えが収斂《しゅうれん》していきます。

そして次に、リーダーが各現場に戻り、今度は部下全員と同じように、「理念を実現した状態はどういった状態なのか」を議論しました。ここでも2時間ほどで考えがまとまってきたそうです。

その次に、「そういう状態」をつくるための具体的な実行プランを全員で検討して決める。できるだけ数値に落とし込み、納期を決めます。

② 岸添氏の事例

もうひとつが、名古屋で成功した岸添範雄《のりお》営業部長の事例です。

第3章で述べたとおり、「名古屋の人においしいキリンビールを飲んで喜んでいただく」という理念を実現するため、「名古屋の料飲店で提供されるビールをすべてキリンビールにする。ただし特別な費用はかけない」という指示を出していました。

名古屋のメンバーはその指示を実行するプランを全員で考えます。4つのチームをつくり、そこで「あるべき状態」を実現するためのプランを立てます。拡売費を削減する案、活動のムダをなくす案、キリンのブランド力をアップさせる案などが、チームごとに検討

図表14　企業理念を戦略に落とし込むには
～元高知支店長宮本氏の事例

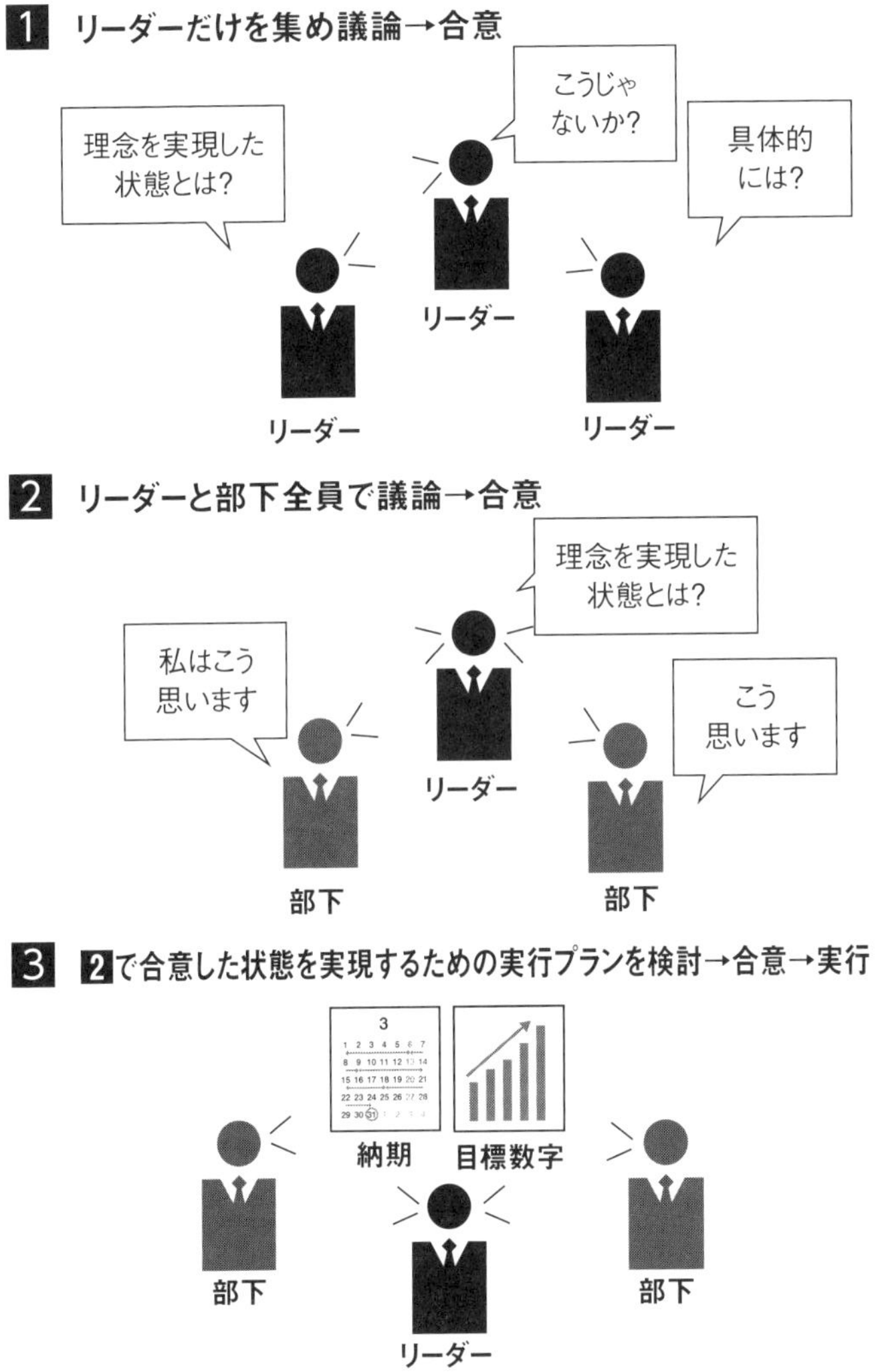

されます。そこで作成された案を部の会議で全員が議論し、やることを決定する。次にそれを数値や目標数に落とし込む。そして、さらに業績評価につなげていました。

たとえば、「料飲店の品書きには、たんに『ビール』と書かず、必ず『キリンビール』と明記してもらう。それを○店舗実現する」といった具合に、できるだけ具体的に数値目標として**「見える化」**します。

管理のための数値化ではなく、部内で自分がどのレベルにあるのか、各自で比較してもらうためです。月例の部内ミーティングでは、実行した結果を共有化していき、成績が伸び悩んでいる人が成果を上げている人にアドバイスを求めていました。

以上、ふたつの成功例を挙げましたが、共通するのは、必ず「全員参加」で決めていることです。**メンバーが自らつくり、全員の意思が反映された戦略と目標なので、「やらされ感」を抱くことはありません。**

もうひとつ共通するのは、「拡売費半減」「納期半分」「訪問店数2倍」「スピード2倍、モットーは拙速」といったように、目標を**2倍**程度に設定していることです。1・2倍、1・5倍では、それまでのやり方を抜本的に見直すことをしないでしょうし、したがって市場を反転させ、理念を現実のものにするのが困難だということだと思います。

2倍の目標とセットで、聖域なき「業務の抜本的見直し」が自分たちの手で行なわれたことはいうまでもありません。

つねに頭に置いておく

最後にお伝えしたいのは、**「理念・戦略・実行力」の3要素をつねに頭のどこかに置いておけばよい**ということです。

「わたしたちの理念は何だろう」「正しい戦略とは何か」「現場の実行力を上げるにはどうしたらいいか」。いずれも一筋縄ではいかない難しい課題です。これを頭のどこかに置いておくのです。すると日々の仕事のなかで、無意識のうちに心の中で、これらがキャッチボールしているはずです。そしてあるとき、何かが閃《ひらめ》く瞬間が訪れます。

同じ現象を見ても、ピンと来る人と来ない人がいますが、その差はこの「頭のどこかに置いているかどうか」にあると思うのです。

ＩＱの高さや記憶力と関係のない「頭のどこかに置いておく能力」。そうした能力に長《た》けた人を見ていると、共通して、**「自分はこのチーム、この会社の一員である」という帰属意識（ロイヤルティ）**をもっていました。帰属意識が使命感につながり、あるときに、「本質」を摑むことができるのではないかと思います。

そして、帰属意識を強くもってもらうには、前に述べた「平等の原則」によるチームマネジメントが最も有効でした。

ローカルとグローバルという言葉があります。

グローバルに展開する力を手に入れるには、世界中のことを学ぶのではなく、徹底してローカルを掘り下げることです。目の前の井戸を掘り続けているうちに、あるとき突き抜け、「本質」がわかります。「個」を通じて普遍性を手に入れることができます。

そして、欧米で、中東で、アジアで、そこの国の人にもっと喜んでもらう方法を考え実行する人材、世界中どこでも通用する人材となっていきます。

誰でも目の前に、じつは大きなチャンスがあるのです。

第 II 部

対談
野中郁次郎氏
×
田村 潤

野《の》中《なか》 郁《いく》次《じ》郎《ろう》氏

一橋大学名誉教授

1935年生まれ。早稲田大学政治経済学部卒業。富士電機製造勤務ののち、カリフォルニア大学経営大学院（バークレー校）にて修士号（MBA）、博士号（Ph.D）を取得。一橋大学大学院国際企業戦略研究科教授などを経て、現職。著書に、『失敗の本質』（共著、中公文庫）、『知的機動力の本質』（中央公論新社）、『日本の企業家 7 本田宗一郎 夢を追い続けた知的バーバリアン』（PHP経営叢書）など多数。

田《た》村《むら》 潤《じゅん》

写真：遠藤 宏

対談

「共感」が疲弊した日本企業を救う

第Ⅱ部では、
経営学者・野中郁次郎先生との対談を通じて、
キリンビール高知支店のV字回復に見る
イノベーションの「本質」をご紹介したいと思います。
理念と戦略、「場」の創出、
そして「共感」のあり方……。
いずれも組織改革に欠かせない要素です。
日本的経営は本当に時代遅れで、
陳腐化したのか――
日本企業共通の悩みを野中先生と一緒に考えることで、
未来に向けた提言につなげていきます。

永続性と生き方を失った日本企業

日本的経営は本当に時代遅れか

野中 田村さんが45歳で支店長として赴任し、最下位ランクだった高知支店の業績を反転させる軌跡を描いた『キリンビール高知支店の奇跡』(講談社＋α新書)を、わたしもたいへん興味深く拝読しました。

田村 ありがとうございます。ローカルな高知の話で、無名の著者が営業の苦労話を記しただけなのですが、予想外の反響があり、本人がいちばん驚いています(笑)。

野中　当たり前のことを成し遂げるのが、もっとも難しいんです。多くの読者が本書に共感を示した背景には、日本企業全体が共通の問題意識を抱えていることがある、と考えられます。その問題を一言でいえば、アメリカ型の経営モデルを次々と導入したことへの反動として、「日本的経営は本当に時代遅れで陳腐化したのか」という疑問です。

ホンダ創業者の本田宗一郎さんは、「つくって喜び、売って喜び、買って喜ぶ」という「3つの喜び」をモットーとしてかかげました。しかし、ここではアメリカ的経営で語られる株主については触れられていません。3つの喜びを達成すれば、結果的には利益が生まれ、株主も喜びを享受できますが、事後的なものにすぎない。本田さんの言葉は、企業は株主のために存在しているのではないことを如実に示しています。

ホンダに限らず、日本企業は本来、「世のため、人のため」という利他の目的を達成するために存在していたはずです。しかし近年のROE（株主資本利益率）やPER（株価収益率）重視の近視眼的思考に陥りやすい四半期決算の導入により、数値目標が企業の目的にすり替わっている傾向があります。そこでは企業のもつ永続性や社員の「生き方」は不問とされていく。

しかし、数値自体に会計以外の意味はありません。同時に「なんのために働くのか」「会社の存在意義とは何か」という、主観的価値観を含んだ生き方を問うものでもありません。京セラ名誉会長の稲盛和夫さんの経営哲学である「売上最大、経費最小」、そうすれば利益はついてくるという考え方は、数値至上主義の発想ではなく、働く社員が具体的に行動に移そうと思えるスローガンです。

現場に「ROE8％」という目標を与えても、本社の意図は伝わりにくく、高揚感も生まれません。

田村 本書を読んだ読者からの感想を読むと、企画部門の上から目線による表面的な数字を追求されている営業マンの現状が痛いほど伝わってきます。

大事なものが置き去りにされて、かたちさえ整えればいいという形式的な仕事をしていると、業績は悪化します。「わが社では成果が上がらず、会社の士気が下がっている」「本社からの要求が厳しく、若手から社員が次々と辞めていく」といった残念な声もあり、企業が抱える問題の根深さを痛感します。
それは、根本が間違っているからです。野中先生のおっしゃるように、結果にすぎない数値を最初に追い求めると、対策のための会議が続き、現場への指示が増えます。やることが刹那《せつな》的になるばかりで、末端の社員は次第に疲弊し、組織に閉塞感と苛立《いらだ》ちが漂い始める。

野中 現在、日本企業の多くがオーバー・プランニング（過剰計画）、オーバー・アナリシス（過剰分析）、オーバー・コンプライアンス（過剰法令順守）の3大疾病に陥っています。MBA（経営学修士）などアメリカ流の経営手法に過剰適応した結果、自社の存在意義が見えなくなってしまったのです。現場を知らない本社が送った指示をこなすのに精一杯で、ミドル、現場がストレス過多でへばっている。これが日本企業の現状です。
企業経営において重要なことは、目標の数値化ではなく、会社や社員が存在する意味を問うことです。経営の数値化が進めば進むほど、生き方や価値、コンセプトそのものが、どんどん劣化していきます。その意味で『キリンビール高知支店の奇跡』

は、現在の日本企業が直面する経営のありようについて本質的な問いを投げかけており、非常に意義深い。MBA依存の学者では、こういう作品は書けないでしょう。

「最後の一人になっても闘い抜く」

田村 じつはわたしも高知支店に赴任するまで、仕事とは上意下達で与えられた数値目標を達成するものだと思っていました。支店の営業マンも、本社から四国地区本部をとおして下りてきた指示を問屋や一部酒販店に伝えるだけでした。しかし、現場でお客さまがキリンビールから離れていく状況を目《ま》の当たりにして、「もう一度、キリンビールを手にとっていただくにはどうしたらいいか」を真剣に考えざるをえませんでした。そこで、困ったわたしは、キリンビールとはいったい何者なのか、その原点や歴史を振り返ることから始めました。

野中 以前の売上好調時のキリンビールは、どういう雰囲気だったのですか。

田村 社史を読むと挑戦的な会社だったことがわかります。主力銘柄のキリンラガービールも、少しずつ味を変えて、時代ごとの最高のおいしさを追求していたようです。会社の歴史をひもといてみると、自分たちのミッションとは、本社からの方針や目標を忠実に実行することだけではないことがわかった。まずは高知県のお客さまに「キリンビールがいちばんおいしい」と感じてもらうことであり、それこそがキリンビールの伝統にも連なるんだ、と納得することができました。会社の歴史を振り返るという作業を通して、「最後の一人になっても闘い抜く」という覚悟が芽生えました。

野中 自社の歴史を振り返ることで、自分の存在意義を再確認したわけですね。

田村 わたしが高知支店で取り組んだことは、いたってシンプルです。「高知の人びとにひとりでも多くおいしいキリンビールを飲んでもらい喜んでいただく」という理念をかかげ、その実現のために「どの店に行ってもキリンビールが置いてあり、欲しいときに手にとっていただける状態をつくる」という「あるべき姿」を描く。この理念とビジョンを社員と共有し、ベーシックな営業活動を徹底することで、現実とのギャップを埋めていくという戦略を描きました。

野中 理念と戦略ですね。

田村 はい。次に行なったのが、現場の実行力の強化です。どれだけ良いプランがあっても、実行できなければなんの意味もない。そこで営業マンには、各エリアの店舗を回るという基本活動を繰り返し行なってもらいました。スポーツや音楽の練習と同じで、退屈な作業も反復すれば身体が順応します。すると営業に必要な基礎体力が身につく。それだけではなく、お客さまとの心理的な距離も縮まり、いろいろな話を聞けるようになりました。

「亡くなった両親がうれしそうな顔をしてキリンビールを飲んでいた」「会社でいやなことがあっても、一杯の冷えたラガーを飲むと疲れがとれて、明日も頑張ろうと思えた」といった思い出話を聞くと営業マンは、お客さま一人ひとりがキリンビールを大事な記憶のシーンとして心に刻み込んでいることを実感しました。

さらに、キリンビールというブランドが自分たちだけのものではなく、じつはお客さまとも共有していることに気づきます。そのつながりを理解したことで、「高知の人びとに一人でも多くおいしいキリンビールを飲んでもらい喜んでいただく」という理念を再発見できたのです。

野中 組織内にはどんな変化が見られましたか。

田村 理念が共有されていくことで、「もっと効率的に店舗を回れる」「こんなキャンペーンをしよう」といったアイデアが社内でひんぱんに話し合われるようになりました。自由度が高まったことで、一人ひとりにイノベーションが次々と起こり、それらがどんどん共有化されていきました。

こうした変化を目の前にして、わたし自身とても幸せな気持ちになりました。業績が好転したからではなく、皆が力を合わせてお客さまに喜んでもらえたことで、「生きるとは何か」が感じられたからです。

イノベーションは帰納的な手法から生まれる

野中　田村さんのお話を聞いていると、利益や業績は結果であり、最初に「なんのためにやるのか」という理念をメンバー間で共有すること、そして顧客の視点に立った戦略を立てることの重要性が手にとるように理解できます。

わたしはこれまで、イノベーションの本質とは、現場にあるニーズやウォンツなどの暗黙知を、企業が顧客との相互作用のなかで形式知に変換するスパイラル（らせん）運動であると提唱してきました。暗黙知と形式知は、経験知と言語知ともいい換えられますが、どちらも重要です。わたしたちには言語を媒介しなくても、身体を動かしてこそ見えるものごとがあるからです。

ところがマネジメントをサイエンス（分析）の対象として捉えるアメリカ型の経営は、いわば脳と身体を分離してしまう。言葉ありき、論理ありきで、数値化したものをブレークダウンするというアメリカ型のマネジメントは、絶対的に正しいとされる論理命題から出発し、それを個々の具体的事象に当てはめていく「演繹法《えんえき》」の考えに基づいています。

田村 たしかに、初めに命題ありきで具体的な指示を現場に下す演繹的な手法では、新しい発見はありません。

戦略についても、自己満足的なものにならないように、徹底して現場に足を運びました。なぜなら、現場にこそ本質があるからです。現場に飛び込まなければ、お客さまとキリンビールという会社とのあいだに介在するブランドの価値に気づくことができなかった。

野中 一方で、実際のイノベーションは、現場のボトムアップという「帰納法《きのう》」から生まれます。

帰納法的な手法とは、現場・現実・現物のなかで意味を紡《つむ》ぎ合い、コンセプトやビジネスモデルを新たに創造することです。つまり、新しい知を生み出すには演繹法よりは帰納法が適しています。

では、帰納法からイノベーションを導くにはどうすればよいか。暗黙知の質量を高めればよいのです。

たとえば、ハワイのコンセプトを問われたとします。ハワイをバカンスで訪れたことのある人なら、ハイビスカスの香りや、広大なパイナップル畑の光景、フラダンスの音楽、ワイキキビーチで泳ぐ観光客の姿などを思い浮かべるでしょう。一つひとつの経験は、具体的に描写することはできなくても、無意識のうちにわたしたちの身体的な感覚として残っています。わたしたちはこうした経験で得た知識を総動員して、「ハワイのコンセプトは、パラダイスである」と認識します。ただし、それはハワイの一面だけを捉えているにすぎません。

では、ハワイの真珠湾にある慰霊施設「アリゾナ記念館」に足を運んだことがある人は、ハワイをどう意味づけるでしょうか。日米開戦当時の真珠湾の攻撃や太平洋戦争の過程を想起して、ハワイはたんなる観光の場にとどまらず、「太平洋の安全保障の重要拠点」というコンセプトを認識するかもしれない。

このようにわたしたちは、個々人が得た暗黙知と、公共財としての形式知を組み合わせることで、新しいアイデアやコンセプトを創り出しています。

顧客とのやりとりでも、相手と全身全霊で向き合っていると、五感を総合した暗黙知・形式知が飛び交います。コミュニケーションの過程で互いにピーンと触れ合う瞬間があって、それがイノベーションの種になっていくのです。

田村 だから現場を歩き顧客と直接やりとりしないと、イノベーションは生まれないのですね。現場から離れた場所でデータを眺めていても、本質は見えてきません。わたしも高知の料飲店や温泉施設に足を運び、お客さまにヒアリングを繰り返すなかで、「最高のビールをつくるために挑戦し続ける」というキリンビールの伝統の価値を発見し、高知の人のために戦い抜くという覚悟も芽生えてきました。もし本社で勤務し続けていたら、こうした心境に至らなかったと思います。

野中 もうひとつ、田村さんの事例で興味深かったのは、帰納法でありながら、現実のただなかで、新しい仮説を現場から生み出していることです。これは「アブダクション（仮説形成）」と呼ばれます。

高知支店での田村さんの活動はじつに細目《さいもく》ではありますが、それは暗黙知を習慣化させていくうちに、引き出しの数がどんどん増えていった結果でもあります。ローカルな現場で仮説と検証を繰り返すことでアブダクションが生まれ、それを日本全域、グローバルに応用することができたのです。

全員で問題解決を試みるシステム

野中　もともと高知県は山内《やまうち》氏による長い独自の歴史をもつ土佐藩であり、その特殊性から「一つの国」と捉えることもできます。そうであればなおさら、ヘッドクオーター（司令部）を中心に、地域を十把《じっぱ》一絡《ひとから》げに捉える大企業の戦略は危険です。田村さんもおっしゃるとおり、本社で働き続けていたら、地域のコンテクスト（文脈）は見えてこなかったかもしれません。

田村　本社営業本部は全国の支店のデータをパソコンで眺めているだけです。高知支店は、市場をダイナミックなものとして捉え、さらにダイナミズムを自分たちで生み出そうと試みたから、奇跡を起こすことができた。しかし、本社はある一つの時点での傾向を捉えて、そこから類推した戦略を練って指示を出すだけでした。お客さまに本気で向き合えば向き合うほど、「敵は官僚的な本社の風土にあり」との思いが強くなりました。

野中 企業経営にはサイエンスとアートを融合させる考え方が求められますが、どちらかというとアートの比重が大きい。いうまでもなく、アートは暗黙知に依拠します。しかし現在はサイエンスばかり教えているから、なかなか新しいコンセプトが生まれないのです。

ものごとの本質を見極めるうえで、「主観」は欠かせません。新たな意味や価値を創出し、イノベーションを起こすには、田村さんが抱いたような強い「思い」が何よりも重要です。

日本企業がかつて画期的な製品を次々と生み出してきた背景には、「こういう製品を世に出したい」という開発者の強い思いがありました。一方で、その思いを製造部門や営業マンと共有しながら製品開発を行なってきた。

たとえば、ホンダ創業者の本田宗一郎はテストコースで実際に地面に手を突いて車の振動音を感じ、ガソリンの匂いを嗅ぎながら、コースで得たひらめきを言語化して部下に伝えた、といいます。さらに技術者とのやりとりを何度も繰り返し、得たものをマシンのコンセプトやスペックに落とし込んでいった。

「やってみもせんで（何がわかるか）」と言って、つねに失敗を恐れず仮説を検証し続けた結果、数々の魅力的なマシンを世に送り出すことができた。思いのない人間が、イノベーションや新しい価値を生み出すことはありえないのです。

高知支店もホンダと同様、「現場・現実・現物」に根差した活動を徹底することで、イノベーションを起こした好例といえます。

田村　現場はつねに激しく動いています。気候次第で消費者の嗜好《しこう》は変わりますし、いつライバル社が新製品を発売するかわからない。膨大な変数のなかで、ある一時のデータだけを捉えて戦略を練っても、変化する消費者の心を摑むことはできません。

野中　稲盛和夫さんが創り出した「アメーバ経営」は、ご承知のように組織をアメーバと呼ぶ小集団に分解して、自主的に「全員参加経営」を促す経営管理手法です。アメーバ経営では、「時間当たり採算制度」を導入することで、社員一人ひとりが、採算（時間当たり付加価値）を上げるには何をすればよいかを考えるようになります。
また、自部門では対処できない課題に直面した場合は、他部門と協力して問題解決を試みる。アメーバ経営はつまり、メンバーが主体的に動いたうえで、リーダーがメンバー全員の知を総動員しなければ成立しないシステムなのです。

田村 個人が動くことであらゆるものがつながり、大きなオープンシステムになっていくのですね。

野中 こうした環境下に身を置くと、メンバーは主体的に顧客と向き合うようになります。全身全霊で顧客と接することで、それまで見えなかった情報が五感で捉えられるようになる。本部にいては捉えられない地域ごとの嗜好や習慣を摑むには、高知支店の事例のように、まずは全員で徹底的に現場を回ることが必要です。

知識共有の「場」がイノベーションを創出する

「暗黙知」を共有する場が減少している

田村　6年間の高知勤務を終え、四国4県を統括する四国地区本部長を務めたのですが、そのとき感じたのが、「高知で成功した手法が他県でも通じるのか」ということでした。しかし、わたしは、「高知の人びとにひとりでも多くおいしいキリンビールを飲んでもらい喜んでいただく」という理念のもとに、徹底して現場を回るというスタイルを変えませんでした。結果的にその後の東海地区と本社での成功につながり、高知での経験は間違っていないことがわかりました。

野中　地域の暗黙知を形式知にして普遍化したわけですね。

田村さんが実践したように、特定の地域での活動を通して見抜いた本質を、ビジネスモデルや物語などの形式知に落とし込み、普遍化することは、経営を行なううえできわめて重要です。

普遍化にあたり、当然、意見が衝突することもあるでしょう。しかし異なる主観をもつ者同士でも、全身全霊で相手と向き合っていると、ある瞬間に本当の共感が生まれる。これは経験が普遍化されるということです。

このように他者との関係性のなかで異なる主観をぶつけ合うことで、互いの視点や価値が共有され、「われわれ」の主観が構築されることを「相互主観性」と呼びます。ホンダが取り入れている「ワイガヤ」も、三日三晩かけて多いに飲み、語り、議論することで、個々の主観を相互主観性に高めています。多大な労力と時間を要しますが、こうして身体が共振、共鳴、共感し合わなければ生まれえないものです。

田村　たしかに高知支店でも、若くても男でも女でも全員が「とにかく自分の感じた考えを率直にいう」スタイルを貫いていました。これは議論や創発の場を通して、新たに価値観が生まれる条件でした。

野中　さらに、イノベーションを起こすには、個人の主観（一人称）を組織で共有する客観（三人称）に変換する必要があります。そこで重要になるのが、フェイス・トゥ・フェイスで共創する相互主観です。

他者と向き合ったときに初めて、自分がやりたいことが見えてくる。それと同時に、「君」や「あなた」の二人称のやりとりを媒介にした共感が起これば、組織はそれを吸収・発散し全体として三人称のかたちに高めてくれる。その意味では、対話による共感の確立がもっとも重要な経営の種なのです。にもかかわらず現在、ＩＣＴ（情報通信技術）への依存により、全人的に向き合い「暗黙知」を共有する場が減少しているのは、とても嘆かわしいことです。

田村　おっしゃるように、高知支店では毎日、帰社した営業マンが顧客とのフェイス・トゥ・フェイスの対話で得た情報を全員で共有していました。まず相手の目を見る、顔を見る。そして話す。そこで、言葉だけではない「目に見えないエネルギーの交換」が行なわれ、創造的な何かが生まれていた気がします。

野中 そして互いに主観をぶつけ合うことで、現場の委細や文脈がメンバーに共有・共感され、一つ次元の高い「われわれの主観」として全員に認識される。すると何が起こるか。まず、ミッションの重要性と優先順位が身につきます。たとえ本社の指示であっても、個々の営業マンが目の前の顧客との関係性や理念、ミッションとの整合性から、やるべきか否かを即座に判断できる。相互主観によって、誰もが主体的かつ創造的に経営に参加する「全員経営」が実現したのです。

田村 全員経営は、パナソニック創業者である松下幸之助さんの「衆知経営」ともつながる日本型企業経営の真髄ですね。

野中 ええ。たとえばパナソニックの音響機器ブランド「テクニクス」では、ジャズピアニストでもある小川理子《おがわみちこ》執行役員など、プロの音楽家の視点を取り入れて商品開発に反映しています。専門性の異なるメンバー同士が音質のこだわりや細かな部品の相違について見解を共有し、製品のスペックに落とし込む。主観を共有するには、「場」の共有が必要です。同じ空間で何度も音楽を聴きながら対話を繰り返すと、やがて互いの主観が収斂されていき、最適な判断が導き出される。

ROEやPERの数値目標だけを見ている企業では、こうした自発的、能動的な開発プロセスはまず見られません。

再確認すべき、日本企業の強み

野中 本来、日本企業の強みは、チーム一体で現場に飛び出し、そこで得た現場の経験知（暗黙知）を概念化して共有することでした。暗黙知から形式知への変換をスパイラルアップして絶えずイノベーションを起こしてきたのです。ところが先述のとおり、現在は多くの日本企業が過剰計画、過剰分析、過剰法令順守に縛られて、知識創造のスパイラルがうまく循環していない。これではイノベーションが起こりにくい、といわざるをえない。

田村 いまの日本企業は、細分化された部門を横断するようなプロジェクトも圧倒的に少なくなっており、社内からダイナミズムが失われてきているようです。

野中 わたしは一九八六年、ハーバード大学経営大学院の竹内弘高《ひろたか》教授とともに当時、高い生産力を誇っていた日本の製品開発のプロセスについて研究し、『ハーバードビジネスレビュー』に論文「The New New Product Development Game（新たな新製品開発競争）」を発表しました。

その論文を読んだジェフ・サザーランド博士（現・Scrum inc.CEO）たちが1990年代半ば、事業部門と技術部門のメンバーがチーム一体となってプロダクトを開発する「Scrum（スクラム）」を提唱しました。

これは、課題が生じたら要件定義、設計、開発、テストなどの各部門が横断的にチームを組み、共同で解決に取り組むという工程方法です。スクラムは、アジャイルソフトウェア開発の手法として一気に世界中に広まりました。

田村 アメリカのソフトウェア業界がスクラムを必要とした背景には、何があったのでしょうか。

野中 当時、コンピュータのプログラム開発はウォーターフォール型と呼ばれ、要件定義、設計、開発、テストというシステム開発の工程をバトンリレー方式で行なっていました。

ところが、開発段階でニーズの変化や技術の進歩に左右されてしまい、完成品のクオリティが安定しない。プログラマーの疲労も蓄積するばかりで、分業制をやめて、当時、日本の生産現場で行なわれていたスクラムを取り入れたのです。その結果、製品のクオリティが飛躍的に高まり、顧客にも喜ばれるようになったのです。

田村 スクラムのように、複数の部門にまたがる開発手法を実践する場合、中核を担うプロジェクトリーダーの役割がポイントですね。

野中 そのとおりです。たとえばプロジェクトリーダーは毎朝15分、メンバーを集めてミーティングを行なう。いかなる条件下でもメンバー同士が顔を合わせることが大事であり、海外にいるメンバーにもスカイプなどインターネット通話を介して情報共有を必ず行ないます。たんに予定や作業進行などの情報を確認し合うのではなく、表情やしぐさから相手が何を考えているかを感じ合うためです。場合によっては顧客まで巻き込み、互いに試行錯誤しながらスピーディに機動的にソフトウェアを開発します。

この共感をベースにしたスクラムが、いまアメリカのプログラム開発の分野で日常的に実行されています。デジタル時代の「共感」のあり方は、残念ながら日本よりシリコンバレーのほうが進んでいる、といわざるをえません。

田村 ちなみにＡＩ（人工知能）やＩｏＴ（モノのインターネット）によって今後、相互主観のあり方はどう変わるでしょうか。

野中 ますます重要になるでしょう。マイクロソフトのＣＥＯ（最高経営責任者）サティア・

ナデラは共著『Hit Refresh（ヒット リフレッシュ）』（日経BP社）で、テクノロジーの波が世界を大きく変えるなかで、わたしたちがもつ共感という独自の感情がこれまで以上に重要になり、人間同士をつなぐ価値がある、と述べています。つまり、AIやIT（情報技術）が普及する時代には、人間同士の共感がテクノロジーをしのぎ、一人ひとりが実践知を発揮する全員経営がより求められる、ということです。

田村 たしかにAIが将来、人間のように他者と共感する能力を身につけられるとは思えません。

野中 イノベーションの本質とは、人間同士が正面から向き合って初めて浮き出てくるものです。情報共有はAIやITに任せておけばいい、という発想はしたがってナンセンスといえます。

田村さんの場合は、場の連鎖を地域で終わらせることなく、全国あるいは世界へとつなげていったという点で、まさにスパイラル運動を実践したといえます。その過程で理念やビジョンをわかりやすく言語化し、メンバーに伝えたことが大きい。何度も同じことを聞かされていくうちに、メンバーのなかで田村さんの言葉が身体化されて、具体的な行動が促されたのです。

田村 理念やビジョンと今日の仕事とのつながりをできるだけシンプルに伝えることは大事ですね。現場が理解できる言葉で伝えないと、営業マンも動けないし、その先にいるお客さまにも通じない。ただしシンプルに伝えるには、徹底して考え抜かないといけませんね。

野中 ええ。理念を考え抜いて凝縮したかたちで言語化する作業は、ものすごく難しい。実際、グローバル企業の理念はそうとう考え抜かれています。たとえばトヨタ自動車の豊田章男《とよだあきお》社長は、〝Creating Ever-better Cars(もっといい車づくり)〟というスローガンをかかげています。経営を自動車の比喩で述べれば、スピードに応じて運転席から見える「風景」が変わるなかで、ドライバーである社員一人ひとりに「もっといい車とは何か」を熟考させ、〝better〟の意味を深掘りさせるという、豊田社長の志《こころざし》が伝わってきます。

田村 理念によって前進するエネルギーが生まれ、お客さまとの関係も強化されます。すると、理念がまた強固になる。理念が強まれば強まるほど、ますます活動のエッジが鋭くなり、井戸を掘り下げるように、深く世界に浸透する考えが生まれてくると思います。
その過程でＡＩやＩＴを活用して飛躍を遂げる構想力をもつことができるはずです。

利他的経営の本質は人材育成にあり

田村 皆の暗黙知を集めるという点でいえば、入社後最初に経験した人事・労務部門での仕事のスタイルが大いに役立ちました。

野中　どういったスタイルだったのですか？

田村　社内では「平等の原則」と呼んでいましたが、リーダーと末端の若手社員は、立場が違うだけで、役割を100%全うするという点では平等である、という考えです。先述のように、どんな立場の人間でも、自分の感じたことを率直に言うことが責任であり、議論や対話を踏まえてチームとして最高の結論を導き出す。そして、その結論に対しては全員が責任をもって実行していく。このスタイルを定年まで貫き通してきました。

少なからぬ人が「仕事は他人事《ひとごと》」と考えているように、自分を組織によって回される歯車の一つと捉えがちです。だから会社の業績が悪くなると、「自分は言われたことをやっているだけだ」という無責任な感情が湧いてしまう。組織を動かすうえでこの感情は、大きな障害となります。経営を前進させるには、「自分は会社を動かす一員なんだ」と、社員一人ひとりが使命や責任を感じることが何より必要だと思います。

野中　一人ひとりが自律分散的なリーダーシップを発揮すると全員経営が実現します。

田村　以前、高知支店が復活した当時の部下に「何が心に火をつけたのか」とたずねたことがあります。彼らの答えは以下の3つでした。

①　リーダーがぶれなかった
②　（部下が）自分たちで考え、実行できた
③　（リーダーもメンバーも）お互いに情報がすべてオープンだった

まず、①が可能だったのは、最初に理念をかかげたからです。本社からの指示の奴隷になるのではなく、下りてくる指示を活用し、理念に照らしてキリンビールのあるべき姿を追求する。リーダーであるわたしがぶれずに戦略を示せば、②のとおり、部下が自ら「どうすればお客さまに価値を提供できるか」を考え、実行します。とくに大事なのは③で、支店長であるわたしのもとに来た情報は、すべて部下にオープンにしました。トップがもつ情報量をチーム内に同一化したのです。

野中 リーダーと末端の若手社員では、立場が違うだけで、役割を100％全うするという点では平等だからですね。

田村 この平等の原則を実践するうえで前提となったのが、情報の共有化です。情報量を同一化すると、組織に一体感が生まれると同時に、個々の社員が全体を把握できるようになります。仕事をするうえで必要なのは、「神は細部に宿る」と「木を見て森を見ず」の両者の視点です。木も森も両方見ないといけない。

そして与えられた情報をどう使うかは、理念に照らして各人が判断すればいい。その意味でも、やはり理念がもっとも大事で、そこから自立した個が生まれ、やがて組織の競争力につながるのだと思います。

野中 理念が浸透した組織は強い。

田村 ある社員が高知支店に転勤してたときのことです。着任早々、県内の店舗の古くなった立て看板を一斉にかけ替えることになったものの、これが結構面倒で、いっこうに終わらない。すると、同じ支店の若いメンバーたちが自発的に手を貸して、あっという間に看板がかけ替わったのです。

自分の仕事ではないのに当たり前のように手伝う姿勢は、ほかの支店から転勤して来た社員にはたいへんなカルチャーショックだったようです。

彼らを動かしたのはトップの指示でも、仕事への見返りでもない。ひたすら「高知の人に幸せになってもらいたい。そのために自分のできることは何でもやる」という確たる信念でした。

自分も含め高知支店には、けっして優秀な社員がいたわけではありません。本社を頼るのでも非難するのでもなく、理念の実現をめざし一人ひとりが自立して地道に努めた結果である、と思います。

野中 海外の人事制度に目を向けると、現在のGE（ゼネラル・エレクトリック）は人事を重要視しています。2014年にGEは、社員に対して示す目標を“GE Gross”という客観的、比較的、分析的な指標から“GE Beliefs”に改めました。端的にいえば、客観的な数値評価から、主体性を強調して自由度を与えるシステムに変えたのです。P&Gやジョンソン&ジョンソンなどの人事部門も、株主と葛藤し合いながら社内の人間的なつながりを大切にしています。現場で働く社員と一緒になって動ける人事部門の存在が、いい会社の条件かもしれません。

田村 オランダのビール会社のハイネケンも、徹底して現場に入り、そこから本質を摑んで普遍性を伝えるタイプの人材を世界のなかから抜擢していました。わたしも日本企業は、株主や顧客だけでなく社員のために企業があるというヒューマン・セントリックな「人間企業」を強く意識すべきだと思っています。

野中 ヒューマン・セントリックなマネジメントには普遍性があります。わたしも企業に勤めていたとき、フロントのなかで人を育てる仕事を通じて、企業体というのは人間の潜在能力を解放系にすることだという考えが染みつきました。

田村 ところが人事部門も最近では制度づくりを優先するようになって、現場に足を運ばなくなっているのではないでしょうか。

過去を振り返っても、対等な労使関係は日本の高度成長を支えていたと思います。経営側にとっても「下手なことができない」というよい意味での緊張感がありました。しかし現在は、労働組合の力量が低下し、経営者の暴走や不作為が目につきます。話はとびますが、社外役員設置を義務づける流れがありますが、それならまず労組の代表を役員にすれば会社の実情もわかっており、よいのではと思うのです。また労組もそれだけの気概をもってもらいたいものです。

そういえば昔は、人事や労務部門が出世コースでしたが、最近はそうでもないらしいですね。

野中 人事を経験した者が次の社長になるというのは、理に適《かな》っています。日本の伝統的な利他的経営の本質は、人を育てることにあるからです。情報から知識、知識を知恵にまで昇華させ、コンテクストに応じて行動に変換できるプロフェッショナルな人材を育て上げるのが企業の使命なのに、それがいま、蔑《ないがし》ろにされているのです。

不確実な時代にリーダーはどう生きるか

最終的には利他が勝つ

野中　現在の日本企業が抱えるもっとも大きな問題は、本社の存在が大きくなりすぎて、支店の役割が無意味になってしまうことです。

以前、証券会社の営業マンから「新しいファンドを扱うようになったので、買ってください」と薦められたことがあるのですが、わたしが細かく質問すると、本人もよく理解していないようで返答に窮している。挙げ句の果てには「あとで読んでおいてください」といって、本社から渡された資料を置いて帰ってしまう。本社の指示のまま動いているだけで、社員一人ひとりが業務にコミットしていない典型です。業種を問わず、いまこういうケースがじつに多い。

田村 ある医師の方が、薬品メーカーのMR（医療情報担当者）に、わたしの著書を薦めてくれたことがあります。理由をたずねると、「自分は純粋に患者の幸福を願って治療をしているのに、薬品メーカーから来たMRは、自分のノルマ達成のことばかり考えている。彼らにはこの薬を使って世の中にいかに貢献できるかという視点に立って仕事をしてほしい」と語っていました。野中先生の言うとおりです。

野中 エーザイの内藤晴夫代表執行役CEOは、「ヒューマン・ヘルスケア（hhc）」という経営ビジョンの実現のために、全社員が業務時間の1％、年間2・5日を、患者と過ごす時間にあてているそうです。患者と共体験をすることで、言葉には出てこない患者の喜怒哀楽を知るためです。その経験を通じて感じた「患者の真のニーズに応えたい」という思いが、自らの仕事のモチベーションになるのです。

田村　どの会社にも使命はあります。自社の使命を社員一人ひとりが果たそうとする思いで仕事に取り組んだら、世の中の流れもきっと変わるはずです。

他方で、組織内でブレークスルーを生むには、リーダー自身が覚悟をもたなくてはならない。とくに現場を知っていて、経営側の立場も知っている中間層のリーダーが立ち上がらないと、組織改革は成功しないと思いますね。リーダーの質の低下も、現場の疲弊を招く原因の一つにあげることができます。

野中　いまの日本企業は、ミドルリーダー層が弱体化している点が否めません。

田村　それは大きな課題ですよね。比較的短期間に営業の末端から企業のトップ（副社長）まで経験した立場からいえるのは、組織のなかでブレークスルーを起こせるのはミドル層の人間しかいない、ということ。組織の上と下から板ばさみにあって苦しいポジションではありますが、同時に木と森の両方が見える恵まれた立場にあります。

そのミドルが「自分の足で立つ」と覚悟を決めた組織は本当に強い。

野中 基本的にチームリーダーというのは「社長」です。規模の大小を問わず、メンバーの自律分散能力を総動員しなければならない。個人の自律があって初めて、「ミドル・アップダウン」のマネジメントが可能になります。

かつては、大局観と現場がミドル層を中心に回転していくミドル・アップダウンが成立していました。ここでいうミドルとはプロジェクトリーダーであり、プロデューサーです。しかしながら、戦略的なポジションで組織改革を行なっていたミドルが、いまもっとも疲弊している。ミドルが活力を失えば、彼らの背中を見ている第一線の社員はますますふさぎ込んでしまう。いまの若者は社会のために何かをやろうという気持ちが非常に強い、といわれています。しかしその思いが十全に発揮されないのは、部下のチャレンジを促すプロジェクトリーダー的なミドルの不在が影響しているのかもしれません。逆に今後、ミドル層が活力を取り戻せれば、個人の主観が相互主観性にまで高められ、大きなうねりを生む原動力となります。

田村 たしかに、いわゆる「ゆとり世代」は、「精神的に弱い」「すぐ会社を辞めたがる」と評判が良くないのですが、一方、ボランティアに真っ先に参加するのもこの世代といわれます。ミドルが活力を取り戻し、いまの活動の先に理念の実現があることを明示できれば、若者に期待がもてるのではないでしょうか。

野中 不確実な時代のミドルリーダーに求められるのは、具体的な現象の背後にある本質を摑み取り、普遍的なコンセプトに結びつけて、最後に「こうじゃないか」とジャッジメント（判断）を下す能力です。しかし個別個体に存在する関係性のなかで、ジャストライト（Just Right）の判断を下すのは容易ではありません。

リーダーの実践知を組織内で共有するには、実践のただなかでリーダーが共体験しながら、徒弟的な関係のなかで部下を育成するしかない。それにより、個別具体の暗黙知を形式知、普遍へとスパイラルを生み出す土壌が組織内で醸成されるのです。

何より「将来はこの人のような存在になりたい」と憧れを抱くようなロールモデルとなる社員が組織の中心になり、共体験を通じて部下を育てるのが、本当の意味での利他主義の経営であり、企業が社会に対して行なう最高の善ではないでしょうか。

田村 わたしがキリンビールに入社したときの上司は、戦争を経験した世代でした。彼らは自分の力で何とかしようとする自律性に富み、また混迷の時代を生き抜くのに必要な、いわゆるリベラルアーツ、基礎教養が身についていたので、学ぶところが多く、仕事以外の雑談からも知的興奮を感じました。リーダーを知るには、リーダー論を学ぶとともに、生きたリーダーと接することがもっとも有効ではないでしょうか。

野中 自戒の念を込めていうと、日本のビジネススクールで教えるフレームワークなどの理論は、限られたビジネスシーンでしか通用しない。もっと生きた学問にも目を向けなくてはいけませんね。本来、日本企業は人材を育成するヒューマン・セントリック・カンパニーの集まりだったのですが、いつの間にかいびつな形態へと変容してしまった。これを元へ戻さなければいけない。そのときキーとなるのが実践知であり、その根底にあるのが利他主義です。しかも、脆弱《ぜいじゃく》な利他主義ではなく「最後に勝つ」という知的体育会系のしたたかさを帯びていないといけない。

田村 高知支店での取り組みも、より多くの人にキリンビールを飲んで喜んでもらうという理念をかかげた以上、「絶対に勝つ」という信念で一人ひとりが突き進みました。

その意味で、人を育てること、お客さまに最高の満足を提供すること、そして勝つことは、同一のコンセプトなんです。

野中 それこそ知的体育会系の利他主義ですね。利己主義と利他主義は日々葛藤しますが、最終的には利他が勝つ。最近は、金を儲ける点では長けていても、フィロソフィー（哲学）に欠けるリーダーが散見されます。組織の上に立つ者は、人間を第一に考え、自社と社会の両方にとって有益な共通善の哲学をもつ賢慮のリーダーが求められると思います。

「未来の物語」を宣言せよ

田村 ところで日本ではいま、官民あげて「働き方改革」を推進しています。働き方改革の目的は労働生産性の向上です。ところが、いま日本全体で労働意欲が著《いちじる》しく低下しているにもかかわらず、議論されているのは労働時間の削減など「量」の規制ばかりで、肝心の「働き方の本質」に目が向けられていない。これでは生産性が高まるどころか、低下する一方です。

じつは高知支店では、わたしが着任してから10年で生産性が飛躍的に伸びました。その間、営業マンを増員したわけでもなければ、予算をそれほど増やしたわけでもありません。やはり大事なのは理念なのです。

「何のために働くか」という理念が明確になれば、自ずと社員の行動も変わります。営業でいえば、得意先に足しげく通うことで徐々に信頼関係が構築される。この変化は経営効率上、じつは大きい。というのも、ひとたび強固な信頼関係を築くと、訪問に費やす時間を減らそうと思えばいくらでも減らせますし、法外な要求をされることもなくなる。「キリンビールは良い」という情報が勝手に口コミで市場に広がっていく。一つひとつの行動は小さくても、市場への理解と得意先との関係性が深まりながら、イノベーションの連続によって、労働生産性は自ずと高まっていきます。

また、労働生産性を下げているのは「会議」です。人材サービス企業アデコの調査によると、日本企業で働くホワイトカラーの外国人の約7割が「無駄な会議」の多さを指摘しています。国からの通達を待つまでもなく、各社が理念と目的に照らして不要だと思う会議や報告など、管理のコストカットから始めるべきでしょう。

野中 働き方とはすなわち個々の生き方を表します。その意味で、わたしは将来の日本を担う若い世代に大きな期待を寄せています。たしかに昔と比べて「自分たちが国を背負っている」という志をもった若者は少なくなりました。

しかしその代わりに彼らは、わたしたちの世代にはない高密度の情報ネットワークとインテリジェンスを持ち合わせている。新しい世代の情報感度には、目をみはるものがあります。そして何より、彼らは自分の主観や価値を重視する生き方を理想としています。彼らは自己実現や他人に喜んでもらうためなら、いくらでも労力を惜しみません。その動機をイノベーションに結びつけてあげればよい。

イノベーションや自己実現は本来、命懸けで取り組むものです。自らが描いた物語と全人的に向き合い、仲間と励まし合いながらコミットする人の姿は、苦しみ以上の幸福感に満ちあふれています。じつに日本らしいともいえる「共働」の力こそ、国を動かす大きな原動力になるでしょう。また、若い世代の多くは「未来を創造したい」という物語を心に描いている。その意味でリーダーはむしろ、彼らの「物語」

の実現に向けて邁進《まいしん》する姿を全力でサポートすべきでしょう。

田村 同感です。キリンビール退職時に祝いに駆けつけてくれたかつての部下が、口々に「一緒に働けて幸福だった」と語ってくれました。理由を聞くと、「お客さまのためだけを考えて仕事をやり切る日々だった。それによって人生が変わった」という。経営者やリーダーは理念とその実現のための戦略の軸を示して、支援に回ればいいのです。そうすれば部下は必ずついてきます。

野中 だからこそ企業のトップは、人間としての生き方や哲学をもっと語らなくてはならない。マックス・ヴェーバーが『プロテスタンティズムの倫理と資本主義の精神』で述べたとおり、ピューリタニズムのすべての仕事は「天職」であり、全身全霊で取り組むべしという考え方や習慣が資本主義のもとで興隆したという歴史的な流れがあります。経営者は哲学や思想にも積極的に向き合い、思いを馳せるべきです。そして若者に負けず、将来どういった意味や価値を創造したいか、未来の物語を世界に向けて堂々と宣言するべきなのです。

■本対談は『Voice』（2017年3月号、18年4月号）掲載記事に加筆・修正を加えたものです。

あとがき

この数年、働き方改革、女性活用、ワークライフバランス、ダイバーシティ、ハラスメント、副業解禁と、働くことについての話題には事欠きません。

それより遡ると、日本では企業統治改革という名のもとにアメリカンスタンダードに合わせようとする法的整備や指導が進められてきています。

これらの背景には、日本企業の国際競争力低下、生産性や一人当たりGDPが先進国中最下位に転落ということがあると思います。そうしてさまざまな問題が起こるたびに解決のための新たなルールや規制が作られ、形式主義や短期志向が強まり、管理コストが増加し、日本企業の価値創造がいっそう難しくなっている面があると考えています。

まず形を整えないと物事が進まないという考えを一概に否定するものではありません。

しかしいまは、働くことの「根本」を考えてみないといけない時期ではないだろうか、そこを素通りしてはならないのではという問題意識が、本書を書いているなかでありました。「理念と現場力」。ここに「根本」があると本書でお伝えしたつもりですが、そもそもこれは戦後世界に躍進したころの日本企業の強みだったはずです。

失われつつあるその強みをもう一度復活させる、さらにはそうした仕事を通じて日本人のもつ本来の良さや強みが社会に表面化してくるのではないかと思います。

『キリンビール高知支店の奇跡』出版後、当時の高知支店のメンバーたちは「奇跡でも何でもなく当たり前のことをやったにすぎない」と言っていました。

社員は組織を構成する「歯車」ですが、当時は本社が現場の歯車を回そうと指示をしても回らない事態に陥っていました。そこで高知支店では、本社に言われたとおりに回すのではなく、自分たちの力で回そうと「心の置き場」を変えました。

自分たちで考え、行動するようになり、歯車は目を見張る勢いで回り始めました。だから社員たちには「奇跡」ではなく「当たり前のことをやったにすぎない」と感じられるのです。

心の置き場を変えると申し上げましても、簡単なようで簡単ではありません。

ただ変革はひとりから始まります。自身の内面から革新する「自分」を見つけ、まず行動してみる、話してみることが大切です。そこに大義があれば付いてくる人が出てきます。

末筆となりましたが、本書発刊の動機を与えてくださった野中郁次郎先生には心より御礼申し上げます。このような形で「共創」できることは望外の喜びでした。

また、本書執筆にあたり、解説を引き受けていただいた勝見明氏にも格別の感謝の意を伝えます。

本書の編集に携わってくれたＰＨＰ研究所第二制作部の大隅元氏とは何度も議論を重ね、最後まで粘り強く制作に励んでもらいました。有難うございます。

最後に、キリンビール社内外で支えてくれた多くの方たちに心からの感謝の気持ちを伝えたいと思います。

２０１８年８月　田村　潤

〈著者略歴〉
田村 潤（たむら・じゅん）
元キリンビール株式会社代表取締役副社長。1950年、東京都生まれ。成城大学経済学部卒。95年に支店長として高知に赴任したのち、四国4県の地区本部長、東海地区本部長を経て、2007年に代表取締役副社長兼営業本部長に就任。全国の営業の指揮を執り、09年、キリンビールのシェアの首位奪回を実現した。11年より100年プランニング代表。16年に発刊した『キリンビール高知支店の奇跡 勝利の法則は現場で拾え！』（講談社＋α新書）がベストセラーに。

〈構成者略歴〉
勝見 明（かつみ・あきら）
ジャーナリスト。1952年生まれ。東京大学教養学部中退。経済・経営分野を中心に執筆。著書に、『イノベーションの本質』（共著、日経ＢＰ社）、『鈴木敏文「逆転発想」の言葉95 なぜセブン-イレブンだけが強いのか』（PHPビジネス新書）など多数。

負けグセ社員たちを「戦う集団」に変えるたった1つの方法

2018年９月14日　第１版第１刷発行
2018年12月27日　第１版第２刷発行

著　者　田村　潤
発行者　後藤淳一
発行所　株式会社ＰＨＰ研究所
東京本部　〒135-8137　江東区豊洲5-6-52
第二制作部ビジネス出版課　☎03-3520-9619（編集）
普及部　☎03-3520-9630（販売）
京都本部　〒601-8411　京都市南区西九条北ノ内町11
PHP INTERFACE　https://www.php.co.jp/

組　版　株式会社PHPエディターズ・グループ
印刷所　株式会社精興社
製本所　株式会社大進堂

ISBN978-4-569-83771-0